历代名家尺牍

廖可斌 主编

徐文长尺牍

〔明〕徐渭 著
林旭文 编选

浙江古籍出版社

图书在版编目（CIP）数据

徐文长尺牍 /（明）徐渭著；林旭文编选. -- 杭州：浙江古籍出版社，2024.5

（历代名家尺牍精粹 / 廖可斌主编）

ISBN 978-7-5540-2952-7

Ⅰ.①徐… Ⅱ.①徐…②林… Ⅲ.①徐渭（1521-1593）—书信集 Ⅳ.① K825.72

中国国家版本馆 CIP 数据核字 (2024) 第 087909 号

本书为国家古籍整理出版专项经费资助项目

徐文长尺牍

廖可斌　主编

〔明〕徐　渭　著　林旭文　编选

出版发行	浙江古籍出版社

（杭州市拱墅区环城北路 177 号　电话：0571-85068292）

网　　址	https://zjgj.zjcbcm.com
责任编辑	黄玉洁
文字编辑	张紫柔
责任校对	吴颖胤
封面设计	吴思璐
责任印务	楼浩凯
照　　排	杭州立飞图文制作有限公司
印　　刷	浙江海虹彩色印务有限公司
开　　本	880mm×1230mm　1/32
印　　张	8.5
彩　　插	2
字　　数	140 千字
版　　次	2024 年 5 月第 1 版
印　　次	2024 年 5 月第 1 次印刷
书　　号	ISBN 978-7-5540-2952-7
定　　价	48.00 元

如发现印装质量问题，影响阅读，请与本社市场营销部联系调换。

徐渭像

徐渭写生梅花

总　序

　　生活在今天的人们，特别是年纪较轻的人，已经很难想象写信对古代人的生活有多么重要。爱因斯坦曾说过，现代人与古人相比，只是在交通和通讯技术方面有所进步，在道德、情感、智慧等方面并没有优势。而恰恰是交通和通讯这两个方面的进步，极大地改变了人类的生活和交流方式。现代人相距万里可以朝发夕至，通过电报、电话、电子邮件、短信、微信等传递信息，更是天涯海角只在一瞬间。而古人如果居处相距遥远，往往只能望路兴叹；旅行只能靠双脚和车船骡马，相别动辄经年累月，传递信息的唯一渠道就是写信。无论是军政公文，还是家书友札，都决定着人们的命运，寄托着希望和忧愁，牵动着欢乐和痛苦，因此留下了"鱼雁传书""织锦回文""家书抵万金"等种种典故。打开一封封尘封的古人书信，不啻展开了一幅幅色彩斑斓的古代生活画卷，奏响起一支支幽咽婉转的动人心曲。

一

书信古称"书",起源应该很早。早在上古时期,当人们需要将有关信息告知远在他方的人,而又具备了书写工具(包括文字、刀笔、写字的板片材料等)的时候,最初的书信应该就诞生了。清代学者姚鼐认为,最早的书信,是《尚书·君奭》中记录的周公旦告召公奭的一段话。[①]其实这还只是就现存文献而言,原始形态的书信出现应该更早。

但当时人们交往有限,书写条件也有限,交流往往通过直接见面交谈进行,书信还不普及。因此著名文学理论家刘勰认为,书信这种文体真正发达,是在春秋战国时期,"三代(夏商周)政暇,文翰颇疏。春秋聘繁,书介弥盛","及七国献书,诡丽辐辏"。这一时期,无论是诸侯国之间,还是贵族士大夫个人之间,交往更加频繁,书信遂被大量使用。刘勰列举《左传》中所载春秋年间秦国绕朝赠晋国士会以策、郑国子家致书晋国赵宣子、楚国巫臣奔晋后致书楚国重臣子重和子反、郑国

[①] 姚鼐:"书说类者,昔周公之告召公,有《君奭》之篇。"见姚鼐纂《古文辞类纂》,岳麓书社1988年版,"序"第2页。

子产致书晋国执政范宣子等,认为"详观四书,辞若对面"①,可视为书信的典范。而姚鼐《古文辞类纂》所录战国年间的《苏代遗燕昭王书》《鲁仲连遗燕将书》等,更是洋洋洒洒,辞气畅达。

至秦汉之际,书信更加普及,刘勰形容为"汉来笔札,辞气纷纭"②。李斯《谏逐客书》、邹阳《谏吴王书》、邹阳《狱中上梁王书》、枚乘《说吴王书》、司马迁《报任安书》、杨恽《报孙会宗书》、刘歆《移让太常博士书》等,就是其中出类拔萃的名篇。《后汉书》的《班固传》《蔡邕传》《孔融传》等,在记录传主身后留存于世的各种体裁的作品时,都列了"书"这一类,可见当时人已将书信视为一种重要文体。

但在秦汉之际,"书"这种文体的特征还比较模糊,内涵还比较笼统。人们几乎把所有由一个人写给另外的人的文章都称为"书",并将"记"与"书"连称为"书记"。所谓"书记"文体的内涵就更庞杂了。刘勰说:"夫

---

① 《文心雕龙·书记第二十五》,刘勰著、周振甫注《文心雕龙注释》,人民文学出版社1981年版,第277页。

书记广大，衣被事体，笔札杂名，古今多品。"① 他把"谱籍簿录、方术占式、律令法制、符契券疏、关刺解牒、状列辞谚"等，也都归入"书记"一类，认为是"书记所总"，说它们"或事本相通，而文意各异，或全任质素，或杂用文绮，随事立体，贵乎精要"②。

从两汉到魏晋南北朝，随着文学的发展，各种文体进一步分化独立，"书"体文也经历了两次重要的分化。一是士大夫与帝王之间的往来文章，和官府之间的往来书札，原来也都称为"书"。秦汉以后，为了加强君王的权威，立起了规矩，帝王写给臣民的文章，被称为"命、谕告、玺书、批答、诏、敕、册、制诰"等；士大夫写给皇帝的文章被称为"表奏"，它们就都从"书"中分化出去了。到了东汉时期，官府之间的往来书札，也有了单独的名称，被称为"奏记""奉笺"，也从"书"中分化出去了。刘勰云："战国以前，君臣同书，秦汉立仪，始有表奏；王公国内，亦称奏书"；

---

① 《文心雕龙·书记第二十五》，见刘勰著、周振甫注《文心雕龙注释》，人民文学出版社1981年版，第278页。
② 《文心雕龙·书记第二十五》，见刘勰著、周振甫注《文心雕龙注释》，人民文学出版社1981年版，第281页。

"迄至后汉，稍有名品，公府奏记，而郡将奉笺"。① 梁萧统编《文选》，就已将"诏、册"（卷三十五）、"令、教、策"（卷三十六）、"表"（卷三十七、三十八）、"上书"（卷三十九）、"弹事、笺、奏记"（卷四十）与"书"（卷四十一、四十二、四十三）分开了。总体而言，经过这一分化，属于公文的"书"，即所谓"公牍"，就基本上从"书"中独立出去了，"书"主要用来指相对个人化的书信。

但剩下来的"书"体文内容仍然非常复杂，可以论政，可以论学，也可以用于应酬，用于亲人、朋友之间相互问候，彼此之间差异仍然较大。两汉以后，随着纸张的发明使用，书写更为便利，亲人、朋友之间的日常联系越来越多地运用书信。这类书信一般篇幅短小，内容日常生活化，语言活泼轻松，与此前的公牍性书信，以及比较郑重、正式的论政、论学书信不同，成为书信的一个很重要的门类，后人称之为帖、

---

① 《文心雕龙·书记第二十五》，见刘勰著、周振甫注《文心雕龙注释》，人民文学出版社1981年版，第278页。明代吴讷《文章辨体序说》亦称："昔臣僚敷奏，朋旧往复，皆总曰书。近世臣僚上言，名为表奏；惟朋旧之间，则曰书而已。"见吴讷、徐师曾《文章辨体序说　文体明辨序说》，人民文学出版社1998年版，第41页。

短笺等，有些近似于现在的便条、字条。①著名书法家王羲之等就留下了大量这类帖、短笺。至此，在相对个人化的书信内部，比较郑重、正式的论政、论学类书信，与比较日常生活化的书信也相对区分开来了，后者就是后来人们所称的狭义的"尺牍"的前身。

"尺牍"之称，起于汉朝。当时朝廷的诏书都写在一尺一寸长的竹木板上，所以称"尺牍"或"尺一牍"，是包括朝廷诏书在内的所有书信的通称。当公文性的"书"被改称为"诏""敕""制"和"奏""疏""表"等而独立出去，个人化的"书"内部又发生分化之后，"尺牍"遂被专门用来指比较日常生活化的书信。它就由所有书信的通称变成比较日常生活化书信的专称。人们用丝帛、纸张写信，也比照"尺牍"的说法，称"尺素""尺缣""尺锦""尺纸"等。既然各种载体的书信都以"尺"称，所以书信又被称为"尺书""尺翰"。

从魏晋南北朝到唐宋，人们越来越多地写这种帖、短笺，即"尺牍"，但它们还不受重视。人们重视的还是那种比较郑重、正式的论政、论学"书"，认为这种"书"才比较有价值。王羲之的众多帖、短笺之所以

---

① 见钱锺书《管锥编》，中华书局1979年版，第三册，第1108页。

能流传下来,是因为他的书法为世人所重,这些书信是因书法而传。当时其他人应该也写了不少类似的东西,它们就没有这样幸运了。刘勰《文心雕龙·书记卷二十五》已两次提到"尺牍"("祢衡代书,亲疏得宜:斯又尺牍之偏才也"[①];"然才冠鸿笔,多疏尺牍"[②]),语气中显然对"尺牍"颇为轻视。唐宋间文人自编文集,或他人代编文集,如白居易《白氏文集》、欧阳修《居士集》,苏轼《东坡集》《东坡后集》等,都列有"书"类,但只收比较郑重、正式的"书"。

直到南宋年间,人们的观念才开始发生变化。据信编纂于南宋的《东坡外集》中,除有"书"二卷外,还有"小简"(即"尺牍")十九卷。周必大等人所编《欧阳文忠公集》收"书简"十卷。这种将"书"与"尺牍"分开收录的编纂方式,此后被继承下来。如明代所编《东坡续集》十二卷中,除"书"一卷外,还有"书简"四卷。同样编于明代的《三苏全集·东坡集》八十四卷中,

---

[①] 刘勰著、周振甫注《文心雕龙注释》,人民文学出版社1981年版,第277页。
[②] 刘勰著、周振甫注《文心雕龙注释》,人民文学出版社1981年版,第281页。

除"书"二卷外,还有"尺牍"十二卷。这些"尺牍"都是原来被遗落的,这时才被搜集汇录在一起。这固然是因为欧阳修、苏轼人品高尚、文采出众,尺缣片楮,后世人皆乐于收集而宝藏之,亦因"尺牍"这种文体的价值终于得到认可。人们对"尺牍"的文体特征有了比较清晰的认识,因而将它与比较郑重、正式的论政、论学书信分别开来。狭义的"尺牍"作为一种文体,遂正式登上文坛。①自此以后,比较郑重、正式的论政、论学"书",一般被视为"古文"之一体;而比较日常生活化、篇幅短小、文风活泼的"尺牍",则被归于"小品文"的范畴,两者并行不悖。

当然,无论是公文性书信与个人化书信之间,还是个人化书信中比较郑重、正式的论政、论学书信与比较日常生活化的"尺牍"之间,界限都不是绝对的。两汉以后,臣僚给皇帝的奏疏,也还有叫"书"的,如王安石著名的《上仁宗皇帝言事书》。有些比较日常生活化的书信,如曹植《与杨德祖书》、陶渊明《与子俨等疏》,内容也未尝不重要。但总体上说,这几类书

---

① 见(日)浅见洋二《文本的"公"与"私"——苏轼尺牍与文集编纂》,《文学遗产》2019年第5期。

信之间的分野是清楚的。

及至明清时期，随着社会生活和人们思想观念的变化，人们的文学观念总体上越来越世俗化，即越来越注重反映普通人日常生活的文体，尺牍遂越来越受青睐。人们在编选文集时，往往将"尺牍"与"书"等量齐观，将之统一编入"书"中，甚至将"尺牍"单行。如明代文学家陆深的文集中，"书"类就兼收比较郑重、正式的论政、论学"书"，和包括家书在内的"尺牍"。后来因为他的"尺牍"很受欢迎，人们又将他的"尺牍"另编为《俨山尺牍》行世。冯梦祯《快雪堂集》六十四卷本收录"尺牍"十三卷，他又将尺牍部分单独刊刻为《快雪堂尺牍》。晚明其他著名文人如屠隆、汤显祖、王思任等，均有尺牍单独刊行。晚明至清初，更出现了选编出版历代名人尺牍总集的风潮，现在可以考知的不下两百种，其中影响较大的有杨慎《赤牍清裁》、王世贞《尺牍清裁》、屠隆《国朝七名公尺牍》、顾起元《盛明七子尺牍》、凌迪知《国朝名公翰藻》、李渔《尺牍初征》、周亮工《尺牍新钞》、汪淇等《尺牍新语》、陈枚《写心集》《写心二集》等。

二

尺牍历来是比较受欢迎的读物，堪称读者的宠儿，用鲁迅先生的话来说："日记或书信，是向来有些读者的。"[①] 人们为什么对尺牍感兴趣？古代尺牍对当代人还有何价值？我想它至少具有如下四个方面的意义：

一是可以帮助我们更准确深入地认识历史的真相。中国素来有重视历史的传统，记载古代历史的文献可谓汗牛充栋。但大部分正经正史记录的都是重大历史事件，描写的都是风云人物在朝堂、疆场上的壮举，属于宏大叙事，固然气势恢宏，但较少触及这些人物的日常生活图景，包括他们与家人、亲友、同僚等之间盘根错节的微妙关系，以及他们复杂幽微的内心活动。而他们所写的书信，则与各种笔记、野史等一起，展现了历史的另外一面。如果说正经正史反映的是这些人物带着面具的表演，那么书信等则在一定程度上反映了他们摘下面具后的真相。如果说前者展现的是台前的景象，那么后者则揭示了幕后的种种细节。看

---

① 鲁迅《孔另境编〈当代文人尺牍钞〉序》，见《鲁迅全集》（六）《且介亭杂文二集》，人民文学出版社1961年版，第330页。

历史,既要把握大局,也要深入细节;既要看到正面,也要看到反面。只有将这些不同的面相拼接在一起,才庶几接近历史的真面目。如我们可以称明代著名文学家汤显祖秉性刚正,不畏权贵,从遂昌知县任上自行辞职归家。但看到他当时与好友刘应秋等人的往来信函,就知道当时朝中人际关系多么复杂,汤显祖为争取出路曾做了多么不懈的努力。又如看到明代文学家王樵给子侄的书信,说到其子王肯堂中进士时,亲友们如何不屑一顾,当得知王肯堂中选翰林院庶吉士后,他们如何马上换了一副嘴脸,由此我们就可以知道当时人对进士、翰林院庶吉士的真实看法,以及当时社会所谓亲友之间关系的真相。从曾国藩写给其弟曾国荃等人的书信中,我们可以得知湘军内部、湘军与淮军之间、湘军淮军与清廷之间,是如何的矛盾重重。而从太平天国忠王李秀成写给英国传教士艾约瑟、杨笃信的书信中,我们又可以看到打着基督教旗号的太平天国与清朝、西方势力三者之间的微妙关系。从书信中获取的这些零碎而生动的细节,可以大大丰富我们对历史真相的认知,让我们对历史的印象由粗线条的轮廓变为鲜活的图景。

二是可以让我们感受古人的心灵世界，让我们加深对人性、人生、人世的理解。历史的车轮不停转动，社会生活嬗变不息，人们的思想观念也在不断变化，但人总还是具有灵性的血肉之躯，总还是要经历生老病死，难免种种喜怒哀乐、爱恨情仇。人类心灵深处的这些东西，千百年来变化其实非常有限。我们阅读古代优秀的文学作品，可以感受到古人的忧乐，与他们展开心灵的对话。在这个过程中，他们的面容神情清晰真切地浮现在我们眼前，让我们真觉得古今人相去不远。相对来说，在各种文体里，书信和日记是较能真实反映人们的内心世界的。周作人曾指出：

日记与尺牍是文学中特别有趣味的东西，因为比别的文章更鲜明的表出作者的个性。诗文小说戏曲都是做给第三者看的，所以艺术虽然更加精炼，也就多有一点做作的痕迹。信札只是写给第二个人，日记则给自己看的（写了日记预备将来石印出书的算作例外），自然是更真实更天然的了。我自己作文觉得都有点做作，因此反动地喜看别人的日记尺牍，感到很多愉快。我不能写日记，更不善写信，自己的真相仿佛在心中隐约觉到，但要写他下来,即使想定是私密的文字,总不免还有做作——这并非故意如此,实在是修养不足的缘故,然而因此也愈觉得别人的日记尺牍之佳妙,可喜亦可贵了。①

有趣的是,鲁迅先生也讨论了书信与其他文体之不同:

作者本来也掩不住自己,无论写的是什么,这个人总还是这个人,不过加了些藻饰,有了些排场,仿佛穿上了制服。写信固然比较的随便,然而做作惯了的,仍不免带些惯性,别人以为他这回是赤条条的上场了罢,他其实还是穿着肉色紧身小衫裤,甚至于用了平常决不应用的奶罩。话虽如此,比起峨冠博带的时候来,这一回可究竟较近于真实。所以从作家的日记或尺牍上,往往能得到比看他的作品更其明晰的意见,也就是他自己的简洁的注释。不过也不能十分当真。有些作者,是连账簿也用心机的,叔本华记账就用梵文,不愿意别人明白。②

---

① 《日记与尺牍》,见周作人《雨天的书》,岳麓书社1987年版,第11页。
② 鲁迅《孔另境编〈当代文人尺牍钞〉序》,见《鲁迅全集》(六)《且介亭杂文二集》,人民文学出版社1961年版,第330—331页。

相比较而言，鲁迅先生更冷静清醒。在短短的一段话中，开头和结尾处两次强调，即使是写书信这类东西，作者也往往免不了"做作"和"用心机"，因此读者"也不能十分当真"。我们应该对此抱有充分的警觉。古代有些人写信给某人谈某事，本来就是准备公之于世的，相当于写公开信，这种文章就和一般文章没有多少差别，只是运用了书信这样一种文体形式而已。有些比较有名的人物，即使是写给朋友和家人的书信，或为名，或为利，或为了名利双收，也是早就打算日后要结集出版的，写的时候不免就有诸多顾忌和矫饰。有些信件收入文集或尺牍集时，还会做许多加工，加上一些漂亮话，尤其是删掉某些敏感内容，这些书信的真实性就要大打折扣了。

但鲁迅先生毕竟也肯定，书信的内容"究竟较近于真实"；通过书信，可以"从不注意处，看出这人——社会的一分子的真实"。[1]凡是书信，都是写给特定的人看的，如果太不真实，完全是套话假话，那就相当于当面撒谎，不会有任何好效果。何况大部分书信，

---

[1] 鲁迅《孔另境编〈当代文人尺牍钞〉序》，见《鲁迅全集》（六）《且介亭杂文二集》，人民文学出版社1961年版，第330页。

特别是尺牍,一般都是写给亲人,或比较熟悉的朋友,作者的心态往往比较放松。有些在公开场合不能说的真实感受和想法,可以向亲人和朋友一吐为快。说过之后,写信人往往还不忘记嘱咐收信人,所言不足为外人道,甚或要求看后即销毁。如苏轼《答李端叔(之仪)书》云:"自得罪后,不敢作文字。此书虽非文,然信笔书意,不觉累幅,亦不须示人,必喻此意。"[1]看看苏轼给亲友的诸多书信,我们就知道,在旷达洒脱的外表下面,一代天才心中又有多少悲苦与无奈。著名书画家赵孟頫的妻子管道昇,回娘家后给丈夫写信,叮嘱种种家务事,让他赶快寄柿子,说是丈人要吃,不仅书法清丽潇洒,而且语气亲切有趣,传递出这一对艺术家夫妇相知相惜的温情。至于明末清初抗清志士夏完淳的《狱中上母书》、辛亥革命先烈林觉民的《与妻书》,写信人临难之际,对至亲至爱的人敞开自己的心扉,真可谓饱含血泪,至情至性,感人至深。阅读这些尺牍中的精品绝品,我们会对人性的光辉、人生的悲欢和人世的苍茫有更深的感悟。

---

[1] 张志烈、马德富、周裕锴主编《苏轼全集校注》之《文集》卷四九,河北人民出版社2010年版,第16册,第5345页。

三是可以欣赏古人的文笔之美。书信本是一种应用性很强的文体，把要说的事情说完也就可以了。但我们现在所能看到的中国古代的书信，基本上都是士大夫们写的。中国古代一直存在一个士大夫阶层，这是中国古代长期实行大一统君权专制制度的产物，是中国古代社会结构的一个重要特点。士大夫们都接受过良好的教育，有较好的文学艺术修养，善于将生活艺术化。茶有茶道，花有花道，至于琴棋书画，那就更精妙无穷了。写信也是一件很雅的事情，不仅笔墨砚纸马虎不得，行款格式也有讲究。书信本身则力求写得生动活泼，于尺幅中见巧思。或如语家常，娓娓道来；或夸张调侃，风趣幽默。表关切则务求语气平和，有请托则力戒卑躬屈膝，要尽可能恰如其分，彼此两宜。结构则似信笔所之，而姿态横生。有些精巧鲜活的表达方式，在其他文体中是不可能出现的。所以鲁迅先生说，过去人看尺牍，就是为了看其中的"朝章国故，丽句清词，如何抑扬，怎样请托"[①]。诗词文赋文雅精致，内涵丰富，但要读懂并不容易；小说戏曲比较易懂，

---

① 鲁迅《孔另境编〈当代文人尺牍钞〉序》，见《鲁迅全集》(六)《且介亭杂文二集》，人民文学出版社1961年版，第330页。

但篇幅大多偏长。至于众多一本正经的高文典册，内容或许渊深，但除了专门研究者，一般人读起来无不觉得头昏脑胀。相形之下，小巧活泼、饶有情趣的尺牍，就成了阅读起来最轻松、可读性最强的文体。

四是可供当代人借鉴人际交往之道，尤其是语言交流的必要礼仪和技巧，因而具有实用价值。现代人已很少写信，但人际交往特别是语言交流仍然是必不可少的。古人既然写信，纸短情长，就要注意锤炼字句，力求表达清晰优美。对不同的对象，也要用不同的称谓和表达方式，以表示礼貌，务使"尊卑有序，亲疏得宜"[①]。现在人们发短信、微信，往往脱口而出，随手而发，态度随便，久而久之，语言就越来越单调，甚至粗鄙。长此以往，整个民族的语言水平和礼仪修养都可能下降，这是一件令人担心的事情。有些人不具备古文功底，又要显摆自己的古文，就更糟糕了。例如古代书信用语中的"启"本来是陈述的意思，因此书信可以用"敬启者"开头。现在人们一般用它表示打开信封的意思，有人却在信封上写某某人"敬启"，

[①] 徐师曾《文体明辨序说》，见吴讷、徐师曾《文章辨体序说 文体明辨序说》，人民文学出版社1998年版，第129页。

就是要求别人（包括尊长）恭恭敬敬打开这封信。"聆听"是恭敬听取的意思，所以只能说自己"聆听"。请别人听或读，只能说"垂听""垂察""垂览""垂鉴""赐览""赐鉴"等。现在人汇报完了却常说"谢谢聆听"。试问收信或听汇报的长者看到或听到这样的表达，心中会作何感想？又如"家父""家兄"本用于称自己的家人，有人写信却说对方的"家父""家兄"如何如何；"令郎""令爱"是称对方的儿女，有人却说自己的"令郎""令爱"如何如何；"先严""先慈"是指自己已过世的父母，有人却用来指还活着的父母。凡此种种，让人哭笑不得。再如年长者对晚辈，为表客气，也可称"兄""世兄""仁兄"等，而自称"弟"。有些人不懂这一点，拿着某位名人称其为"兄"而自称"弟"的信函，到处炫耀，洋洋得意，令人齿冷。现代人主要通过电子邮件、短信、微信等联系，这是大势所趋。写这类东西也不必生搬硬套古人尺牍的模式，但读一点古人的尺牍还是有好处的。浸润既久，我们可以多少懂得一些必要的知识，少闹笑话；也可以感受到一些古人相交相处之道，提高自己的修养，言辞之间学会以礼相待，从而构建一种和谐的人际关系。

基于上述认识，我们编选了这套"历代名家尺牍精粹"丛书，分辑出版，首辑拟推出明清尺牍十一家。

丛书的总体定位是一套具有一定学术水准、面向社会大众读者的普及型文学读本。主要收录狭义的尺牍，即比较日常生活化的书信，兼收部分比较有文采、有情趣的论政、论学类书信。选择标准主要着眼于尺牍的文学价值。注释和赏析力图在全面深入了解作者的经历、个性，对相关事件的来龙去脉了然于心的基础上，准确把握每篇尺牍的真实含义，揭示其压在纸背的心情，及其写作上的精巧微妙之处。

丛书旨在提供一套涵盖面广、典型性强、审美价值高的历代尺牍文学选本，有助于广大读者欣赏美文，获得轻松愉悦的审美享受；发抒性灵，陶冶情操；回望祖国传统文化，回味前人的生活方式，增进对中国古代社会和士人精神世界的理解；感受汉字和汉语的深邃魅力，提高书面和口头表达能力。

本丛书的编选撰写和出版肯定存在诸多不足之处，敬希读者批评指正。

前 言

徐渭（1521—1593），字文清，更字文长，号天池山人、青藤道人、田水月等，浙江山阴（今浙江绍兴）人。明武宗正德十六年（1521）二月初四，徐渭出生于浙江绍兴府山阴县观桥之徐宅。父亲徐鏓，官至夔州府同知，在徐渭出生百日后就去世了。生母是他父亲继室苗氏的丫环，在徐渭十来岁时被苗氏外嫁。嫡母苗氏对徐渭非常宠爱，在徐渭十四岁时去世。徐渭生性聪慧而敏感，这一系列的变故和不幸——幼年丧父、继而与生母分离、嫡母去世——给少年时期的他造成的压抑倍于常人。徐渭在嫡母去世后，跟随异母兄长徐淮生活了六年，直到二十岁入赘潘家。徐家在徐鏓去世后，因长子徐淮经营不善，逐渐败落。徐渭是庶子，在家庭中地位低下，对出身的自卑感又衍生出强烈的自尊心。徐渭日后的叛逆狂放，与社会格格不入，可能与他早年坎坷不平的成长经历有一定关系。

徐渭天资聪颖，九岁能作文章，十来岁受到山阴知县刘晸赞赏,十六岁拟扬雄《解嘲》作《释毁》。十八九岁时,受浙江提学副使张岳赏识。二十岁受知于山阴知县方廷玺,考中秀才。但从二十岁至四十一岁,在长达二十一年的时间里,八次参加乡试,都未能中举。科举考试的一再挫败,使成年后徐渭的人生道路崎岖艰难。徐渭三十八岁时,被负责抗倭的浙直福建总督胡宗宪招入幕府。在胡幕的五年,是他人生的高光时刻。他为胡宗宪代写的《进白牝鹿表》《再进白鹿表》,得到热衷玄修的嘉靖皇帝的赏识,徐渭也因此名满天下。徐渭不仅能写漂亮的文章,还具有军事才能。在胡幕,除了为胡宗宪起草文书,还为其出谋划策,他的才能得到一定程度的施展。但随着胡宗宪被逮削籍,徐渭的胡幕生涯也终结了。

徐渭的婚姻生活同样充满悲剧色彩。他二十一岁与第一任妻子潘氏正式成婚,二人情深意笃,度过了一段美好的岁月,可惜好景不长,五年后潘氏病逝。二十九岁纳胡氏为妾,因她待徐渭生母很恶劣,第二年徐渭就将她卖了。三十九岁入赘杭州王氏,发现被骗,同年秋天就与之决裂。四十一岁续娶张氏,五年后,因怀疑张氏不贞,将其杀死,自己也因此入狱。

徐渭在四十一岁第八次乡试失利后，精神开始出现问题。之后胡宗宪被逮捕，徐渭担心自己会受牵连，加上他曾拒绝礼部尚书李春芳的招揽，担心李春芳报复，承受巨大的心理压力，四十五岁时自杀不遂。第二年，精神病复发，杀妻入狱。经历了六年多凄惨无比的牢狱生活，经众多友人的大力营救才得以出狱。

徐渭是一位天才的文学家和艺术家。对自己的文学艺术成就，他自称书第一，诗第二，文第三，画第四。在文学理论上，他主张文学创作要有独创性，要表达真情实感，反对当时文坛上声势盛大的复古派后七子的模拟之风。他在《叶子肃诗序》（《徐文长三集》卷十九）中说："不出于己之所自得，而徒窃于人之所尝言，曰某篇是某体，某篇则否；某句似某人，某句则否。此虽极工逼肖，而已不免于鸟之为人言矣。"徐渭的诗文及戏曲创作，无不体现这一文学理念，开启了晚明公安派"独抒性灵，不拘格套"文学主张的先声。他的诗文不避俚俗，描写日常生活事物和真切感受，抒写"真我"的真性情，袁宏道评价他的诗文"一扫近代芜秽之习"（《徐文长传》）。其杂剧《四声猿》是明代最杰出的杂剧作品，迸发出对荒谬污浊现实的强烈不满和怀才不遇的愤怒，风格激越狂放。强调独创性和真情实感的理念同样体现在艺术领域。他在书法、绘画方面的造诣颇高。其论书强调"天成"："天成者，非成于天也，出乎己而不由于人也。"(《徐文长佚草》卷七《跋张东海草书千文卷后》)其草书气势雄健，笔意奔放，跌宕纵横，狂放不羁。论画则主张绘画要气势磅礴，色彩鲜明，生意盎然，具有饱满的生命力和强烈的视觉冲击力。打破注重写意、风格简淡的文人画一统天下的局面，对后世影响巨大。

徐渭的尺牍是他的人生经历和个性的真实写照，青少年时期才情激昂，中年深邃洞达，晚年转为随意颓放，均笔法灵动，摇曳生姿，具有很强的艺术感染力。存世《徐文长三集》收录尺牍70首，《徐文长逸稿》收录53首，《徐文长佚草》收录53首，《一枝堂稿》收录25首，绍兴青藤书屋藏品中有1首，共202首。本书以明万历二十八年商濬刻本《徐文长三集》、明天启三年张维城刻本《徐文长逸稿》、清初徐沁辑息耕堂抄本《徐文长佚草》为底本，选取具有较高文学价值及史料价值的书信65首，希望借此略见徐渭生平经历的几个主要阶段及他的生活的主要方面。所选尺牍按写作时间排序，写作时间的确定主要参考徐朔方先生《徐渭年谱》，部分尺牍的写作时间据《明实录》及各种方志考证，与《徐渭年谱》有所不同。个别难以确定具体写作时间的，排列于大致推断的时间段内。

林旭文
2024 年 3 月

目 录

总　序…………………………………………………一

前　言…………………………………………………一

上提学副使张公书……………………………………一

与张石洲论修府志书…………………………………二八

奉督学宗师薛公………………………………………三四

奉师季先生书之一……………………………………四一

奉师季先生书之二……………………………………四四

奉师季先生书之三……………………………………五〇

答龙溪师书……………………………………………五三

与季友…………………………………………………五六

拟上府书………………………………………………五八

拟上督府书……………………………………………六三

又启三首之一…………………………………………七二

代贺严公生日启………………………………………七八

谢督府胡公启…………………………………………八五

奉答少保公书之一……………………………………九〇

奉答少保公书之二……………………………九三
奉答少保公书之三……………………………九七
奉答少保公书之四……………………………九九
奉答少保公书之五……………………………一○一
奉尚书李公书…………………………………一○三
上郁心斋………………………………………一一一
启诸南明侍郎之一……………………………一一八
启诸南明侍郎之二……………………………一二二
谢岑府公赐席…………………………………一二六
谢朱金庭内翰…………………………………一二九
与商燕阳………………………………………一三一
上新乐王启……………………………………一三四
致骆五文学……………………………………一四○
与吴宣府………………………………………一四二
与许口北………………………………………一四六
答许口北………………………………………一四九
简许口北………………………………………一五一
答许口北………………………………………一五三
答王口北………………………………………一五六
答李独石之一…………………………………一五八

答李独石之二……………………一六〇

与陈戚畹………………………一六二

与朱翰林………………………一六四

与马策之………………………一六七

答吴宣镇………………………一六九

奉徐公书………………………一七二

与李子遂………………………一七六

答张太史………………………一七九

答李参戎………………………一八三

致李长公之一…………………一八六

答李长公………………………一八八

复李令公之一…………………一九一

复李令公之三…………………一九四

与梅君…………………………一九八

与季子微………………………二〇〇

与汤义仍………………………二〇二

答王新建………………………二〇五

与柳生…………………………二〇八

与道坚…………………………二一〇

答张翰撰………………………二一二

与两画史……………………………………二一五

与章君………………………………………二一七

与朱太仆……………………………………二一九

答李长公……………………………………二二一

致李长公之九………………………………二二五

答兄子官人…………………………………二二八

与某公………………………………………二三一

答叔学张君…………………………………二三四

谢友人惠杖…………………………………二三七

与陆韬仲……………………………………二三九

与钟天毓之四………………………………二四一

上提学副使张公书〔一〕

渭闻之，贵贱之势，其相悬也，若太行、王屋之与归墟也〔二〕。夫太行、王屋，其高也几天；而归墟之谷，其渊也测地。苟非盲瞶者睹之〔三〕，皆知其为绝廓也〔四〕。故凡士之贱者，其视尊贵而当轩冕也〔五〕，若斧钺之加胸臆也〔六〕，春冰之在巨津也〔七〕，瞻顾盼而股栗〔八〕，睹颜色而肉悸〔九〕。非尊贵之故以威其下而□其颜也，势若此其悬也。嘻，士亦戚而卑哉。故遇其赏则佯狂者见珍于执政，大夫种是已〔一〇〕；潜其声则居郑者没誉于君卿，列御寇是已〔一一〕。今渭无御寇之玄通，而明公之明达过于范蠡〔一二〕，故渭不以尊贵为畏而轻犯其下风〔一三〕。愿明公假之以容，款之以色，勿略其鄙贱，怜其菲谫之才〔一四〕，而后其狂悖之诛〔一五〕，俾得申其孤孽之苦，陈其履历之难，以观意向之所在。则蟠木朽株或可比于积苏〔一六〕，鱼目燕石庶几归于箧笥〔一七〕。非敢借口说为苟进之资〔一八〕，以翰墨为炫售之术也〔一九〕。

渭闻贫窭者，士之常也〔二〇〕；时命者，士之几也〔二一〕；修身者，士之的也〔二二〕。故智士不语贫，达人不言命，庸众不期的。是以亢激节而树玄邈,尧舜不能臣[二三];振清风而肆逃遁,文武不能粟[二四]。追其辙迹而拟诸后人,则自媒者当衾影而惭[二五],奔竞者宜闭户而入[二六]。然当今之士,遇熙灏之辰而急进取之义[二七],六甲未窥者以朱紫为周行[二八],四书未阅者以官仕为标的[二九]。设若素居草莱而坐待哲人[三〇],则虽服闵、曾之行[三一],抱左、陆之才[三二],生则没身荆棘,与乔木同系,死则名逝道绝,长弃沟壑而不返,上既乖于汇征之义[三三],下无以协白驹之遐心[三四]。兹伏生之老死[三五],志士至今惜之。孟轲之徘徊七国[三六],韩愈之趑趄相门[三七],彼岂示□于人,抑将以劳为安哉?

渭也何人,敢言韩、孟?原其志意,未必无可取者。渭运时不辰[三八],幼本孤独[三九],先人尝拜别驾[四〇],生渭一岁而卒。有二兄,伯贾于外[四一],仲远取贵州,至今充庠生[四二]。渭少嗜读书,志颇闳博,自有书契以来[四三],务在通其概焉。六岁受《大学》,日诵千余言。九岁成文章,便能发衍章句[四四]。君子缙绅至有宝树、灵珠之称[四五],刘晏、杨修之比[四六],此有识共闻,非敢指以为诳。十三岁老母终堂[四七],变故寻□,丝棼缕叠[四八],有非说所能尽者。五尺之躯,百事攸萃,志虽英锐，而业因事牵。家本伶仃就衰，而渭号托艺苑，不复生产作业。再试有司，辄以不合规寸摈斥于时。业坠绪危，有若棋卵[四九]，学无效验，遂不信于父兄。而况骨肉煎逼，萁豆相然[五〇]，日夜旋顾，惟身与影。

尝观北溟之鱼，终亦南徙[五一]；扶桑之鸟[五二]，岂当垂翅？古人志在四方，故桑弧蓬矢[五三]，取诸广远。重耳奔窜而霸[五四]，马援牧边而达[五五]，奋名发迹，岂有拘方？激昂丈夫，焉能婆娑蓬蒿[五六]，终受制于人哉？遂诣父兄宗党，誓曰功名何处不取，复似今日形骸，不上此堂也。便欲往之贵州，从仲兄以希肆业发科[五七]，而徒手裸体，身无锱铢[五八]，去路修阻，危若登天。未尝通晓一艺，而欲致足万里之饔飧[五九]，不亦难哉？乞食于异域，委骨于他途，此所预定，不待智者而后知也。夫以伍员策士，志在报楚，犹吹埙而假食于蒲关[六〇]；韩信壮夫，未遇汉王，尚垂钓而寄餐于漂母[六一]。有二贤之才，以当纷争之世，一时不遇，终日无资。况于某者，乏二贤之蕴抱[六二]，而无漂母之知人，虽使亦有之，岂能遇地尽同哉？步随情变，衣共体单，飘游云天，踽踽霜月[六三]，进不能取功名以发舒怀抱，退则蒙诟当途，君子不齿，乡曲不由道[六四]，食其出誓，不为义人耳。

比诸木偶，方以游芥，夫岂过哉？则虽自咋己指[六五]，戒辄既晚，悔之何追？徒取父老之侮，只为伯仲见侮之媒耳。何以竟己少时之志，以复见先人之庙耶？

愚以君子不蹈危地，哲人宜务先几。吾儒行事，当如用兵，一失其算，安可再振？遂使智逾黄帝[六六]，勇先贲、育[六七]，无所复施。况渭今日之事，犹宜敬慎而念此者也。是以犹务隐忍，寄旅北门，意在强为人师，以糊方寸。何期营营数旬，竟无一人与接者。流水既鼓，而钟期未缘[六八]；驮骥非驽[六九]，而方皋泯迹[七〇]。刍米仆赁[七一]，无以为资。将击无鱼之歌，恐鲜孟尝之听[七二]；若欲闭门偃卧，不免袁安之狷[七三]。俯仰牵制，桎梏加躬[七四]，愤懑抑郁，若蹈汤火，五内怛然[七五]。窃计返家，则倏去忽来，若猿狙也[七六]。长江非遥[七七]，若隔秦楚。因兹不返，则馆帷壁立，仅存古书数十卷，旦无见援，夕当弃失。畏路阻而处饥困，避道乞而将操瓢[七八]，是犹恶影而居日，恶臭而闻庖也[七九]。是故每至终夜，淡焉寂寥，起舞而为歌曰："鸿鹄兮高飞，昔时渡江兮何时能归？亡绝四海兮羽翼未舒，中路阻险兮当复谁依？"慷慨三四，不觉泪下。悲哉悲哉！事未易为俗人言也。

伏睹明公鹏迹霞骞〔八〇〕，丰采玉立，德参天地〔八一〕，文协典谟〔八二〕，因将以齐足三代〔八三〕，而卓荦于虞夏者也〔八四〕。是故四绝之称〔八五〕，见许当道〔八六〕，一代之士，仰为宗师。灵珠在室，四隅煌然，语以欧、胡〔八七〕，未能尽善。士之闻謦咳者〔八八〕，奕奕然出冥室而观日月，去污渎而浮江湖。譬诸钧天广乐〔八九〕，悬于虞庭〔九〇〕，而伶官俳优〔九一〕，快呈其响。故巴人郢客〔九二〕，忭舞雀跃〔九三〕，鸢鱼蝼蚁，翕翼俯首〔九四〕。何者？以明公为人物之橐籥，文章之钤键〔九五〕，足登龙门〔九六〕，声逾珠玉。此怀粟缕之技者〔九七〕，悉皆攘臂〔九八〕；耿剑隙之明者〔九九〕，亦愿发辉光。虽知染淬之色未合玄黄〔一〇〇〕，桑间之音难应风雅〔一〇一〕，所在大雅含弘〔一〇二〕，君子矜悯也。

况渭遭此荼毒，旅于穷途，盖将洒泪旋车〔一〇三〕，比于阮生者也〔一〇四〕。为人木强块垒〔一〇五〕，不能希声钓望〔一〇六〕，既寡淳于、仲连之荐〔一〇七〕，终鲜叔牙、得意之交〔一〇八〕，狼狈偃蹇〔一〇九〕，安所施计？一铺不火〔一一〇〕，胡能生活？尚恐救死不赡，奚暇役志诗书〔一一一〕？虽明敏若颜、端〔一一二〕，经济若董、贾〔一一三〕，文章若班、马〔一一四〕，授以广成、羡门之诀〔一一五〕，投以岐伯、卢扁之术[一六]，终当捐骸[一七]，岂有过补？生无以建立奇绝，死当含无穷之恨耳。故曹沫、聂政无三尺之剑[一八]，则不如农夫之处陇亩。蛟龙处木，不若狐狸；骐骥处水，不若跛鳖。士而无资，何以异此？每念于斯，未尝不掷卷投札、流汗至踵也。

伏冀明公悯其始终历涉之艰难，谅其进退患难之危迫，怜其疏鄙之才，援其今日无资之困。请假晷刻[一九]，试其短长[二○]，指掌之间[二一]，万言可就。或者才有可观，物非终弃，则愿挈之枯涸，置以清波，俾得饭茹糗粝[二二]，虽云驽蹇[二三]，尚奋驰驱。不过期月，则书生之学可通；假以三年，则道理之堂可造。语文章则跨制两汉，语尽性则驾轶四儒[二四]。此亦学者之志愿能事，岂敢夸张虚说以炫耀大人哉！

夫信陵、春申[二五]，战国之鄙夫也，且致客数千而名流后世。飞剑跃舞，小人之技也，亦能见悦元君而赏以百金[二六]。渭虽寒贱，岂直剑舞之士哉！愿明公进而教之，则二君不足数，而皋、夔易为也[二七]。明公岂靳毫发之劳[二八]，使才士沉沦朽没，不得仰首信眉、激昂当世也[二九]！昔荆轲、豫让，行若屠贩，一感国士之遇，思报其主而不可解，遂至于殉身而不可化[三○]。

中流之龟〔一三一〕，北溟之鱼，灵岂多于人哉？乃能报珠而浮渡〔一三二〕。渭颇读诗书，亦知大义，岂同负贩〔一三三〕，有异鱼虫，使一辱英盼，九死甘心。第恐天地无穷，徒怀衷悃耳〔一三四〕。

渭又闻河海纳流，百川归潦〔一三五〕，一人悯士，四方翘首。谅明公观于超旷之道，必不以疏远见拒。故敢述其始末，托书自陈。万一因其昏愚，加以摈斥，则有负石投渊、入坑自焚耳。乌能俯首匍匐，偷活苟生，为学士之废弃、儒行之瑕摘乎〔一三六〕！惟明公其生死之。渭恐惧顿首。

《徐文长佚草》卷八，清初徐沁辑息耕堂抄本

注释

〔一〕提学副使张公：张岳（1492—1553），字维乔，号净峰，福建惠安人。正德十二年（1517）进士，授行人，谪南京国子学正。嘉靖十年（1531），由礼部主客司郎中升为广西提学佥事。十一年升江西按察司副使提调学校。十三年谪广东提举，转廉州知府。十七年升浙江按察司副使，迁浙江布政使司左参政，改任广东左参政。二十一年擢升右佥都御史，抚治郧阳。二十三年升任右副都御史，总督两广军务，兼理巡抚。二十五年升兵部右侍郎兼都察院左佥都御史。二十七年升都

察院右都御史。嘉靖三十二年(1553)卒,赠太子少保,谥襄惠。张岳经术湛深,以程朱理学为宗,不喜王阳明学说。与陈琛、林希元三人并称"泉州三狂"。著有《圣学正传》《小山类稿》《(嘉靖)惠安县志》等。《明史》卷二百有传。

〔二〕太行、王屋:山名。归墟:传说为海中无底之谷。《列子·汤问》:"渤海之东,不知几亿万里,有大壑焉,实惟无底之谷,其下无底,名曰归墟。……太行、王屋二山,方七百里,高万仞,本在冀州之南,河阳之北。"

〔三〕盲瞍(sǒu)者:盲人。瞍,眼内没有瞳仁。

〔四〕绝廓:极其广大、辽阔。

〔五〕轩冕:卿大夫的车乘和冕服,指代显贵者。

〔六〕斧钺(yuè):斧和钺,均为兵器。钺,形状像大斧,圆刃。

〔七〕春冰之在巨津:春天行走在大河的薄冰上,喻心怀危惧。《尚书·君牙》:"心之忧危,若蹈虎尾,涉于春冰。"

〔八〕瞻:望见。顾盼:左顾右盼,此指贵人看了自己一眼。股栗:两腿发抖。

〔九〕颜色:面容,脸色。

〔一〇〕"故遇其赏"句:指范蠡受文种赏识事。《史记》卷四十一《越王句践世家》张守节正义:"(范蠡)本是楚宛三户人,佯狂倜傥负俗。文种为宛令,遣吏谒奉。吏还曰:'范蠡本国狂人,生有此病。'种笑曰:'吾闻士有贤俊之姿,必有佯狂之讥,内怀独见之明,外有不知之毁,此固非二三子之所知也。'驾车而往。"

〔一一〕"潜其声"句：指列御寇在郑国不受赏识事。《列子·天瑞》："子列子居郑圃，四十年人无识者，国君卿大夫视之犹众庶也。"

〔一二〕明公：对位尊者的敬称。

〔一三〕轻犯其下风：此指身处低位而轻易上书，有所冒犯。下风，比喻处于下位、卑位。

〔一四〕菲谫（jiǎn）：浅薄。

〔一五〕后其狂悖之诛：此谓暂且容忍我的狂妄悖逆，看完信后再责罚。后，做动词，推迟。

〔一六〕蟠木朽株：盘曲之木和朽烂之根，喻无用之材。积苏：聚积的柴草。

〔一七〕鱼目燕石：鱼的眼珠子和燕山产的类似玉的石头，喻不足珍贵之物。箧笥（qièsì）：古代放东西的竹器（多指箱和笼），主要用于收藏文书或衣物。

〔一八〕苟进：苟且进取，以求禄位。资：凭借，依托。

〔一九〕翰墨：笔墨，借指文章。炫（xuàn）售：自夸，卖弄。术：手段，方法。

〔二〇〕贫窭（jù）：贫寒。常：常态。此句的意思是，贫寒是读书人的常态。

〔二一〕时命：命运。几（jī）：隐微。此句的意思是，命运是读书人难以把握的隐微的东西。

〔二二〕的（dì）：箭靶的中心，引申为目标。

〔二三〕"是以亢激节"句：用巢父、许由不受天下的典故。相传二人为尧时隐士，尧让位于二人，皆不受。唐元稹《四皓庙》："巢由昔避世，尧舜不得臣。伊吕虽急病，汤武乃可君。"

〔二四〕"振清风"句：用伯夷、叔齐不食周粟的典故。伯夷、叔齐为孤竹国君二子。父死，二人相让不受立，皆逃。商亡，耻食周粟，饿死首阳山。见《史记》卷六十一《伯夷列传》。

〔二五〕自媒：女子不通过媒妁而自择配偶，引申为自荐。衾影而惭：惭愧不已。北齐刘昼《刘子·慎独》："故身恒居善，则内无忧虑，外无畏惧，独立不惭影，独寝不愧衾。"

〔二六〕奔竞：为名利而奔走争竞。闭户而入：回到家里关起门。

〔二七〕熙灏之辰：盛世。

〔二八〕六甲：古时以天干地支相配计算时日，其中以甲起头的有甲子、甲寅、甲辰、甲午、甲申、甲戌，故称为六甲。此代指士子应具备的基础知识。朱紫：古代高级官员的服色，代指高官。周行（háng）：大路，常走的路。

〔二九〕四书：《大学》《中庸》《论语》《孟子》四种儒家经典。

〔二〇〕草莱：乡野。

〔三一〕闵、曾：闵损、曾参，皆为孔子弟子。闵损，字子骞，春秋时期鲁国人，以孝闻名。《论语·先进》："子曰：孝哉闵子骞！人不间于其父母昆弟之言。"曾参，字子舆，春秋时期鲁国人，倡导以"孝恕忠信"为核心的儒家思想。

〔三二〕左、陆：西晋文学家左思和陆机、陆云兄弟。

〔三三〕汇征：连类而进，引申为进用贤者。《易·泰》："初九，拔茅茹，以其汇，征吉。"孔颖达疏："汇，类也，以类相从。征吉者，征行也。"

〔三四〕白驹：白色骏马，喻贤人。遐心：疏远之心，此指远离仕途之心。《诗经·小雅·白驹》："皎皎白驹，在彼空谷。生刍一束，其人如玉。毋金玉尔音，而有遐心。"朱熹集传："毋贵重尔之音声，而有远我之心也。"

〔三五〕伏生：名胜，济南人，故秦博士。汉文帝求能治《尚书》者，欲召之。然伏生年已九十余，老，不能行，乃使晁错往受之。见《史记》卷一百二十一《儒林列传》。

〔三六〕孟轲之徘徊七国：孟子生活在七国争雄的时代，天下重攻伐之术，孟子宣扬仁政学说，终不见用。《史记》卷七十四《孟子荀卿列传》："天下方务于合从连衡，以攻伐为贤，而孟轲乃述唐、虞、三代之德，是以所如者不合。"

〔三七〕韩愈之赵赿（zī jū）相门：韩愈中进士后，三次参加博学宏词科考试，均失败。曾三上宰相书，以求仕进，均不报。赵赿，想前进又不敢前进的样子。

〔三八〕不辰：不得其时。

〔三九〕孤独：幼年丧父和老而无子的人，此指幼年丧父。

〔四〇〕别驾：明清时，府同知、府通判之别称。徐渭父名鏓，字克平，号竹庵主人。世为军籍。弘治二年（1489）举人，知巨津州，官至夔州府同知。正德十六年（1521）卒，时徐渭生百日。见徐渭自著《畸谱》及《徐文长三集》卷二十六《题徐大夫迁墓》。

〔四一〕伯：徐渭长兄名淮，字文东，号鹤石山人，徐渭先嫡母童宜人所出，长徐渭二十九岁。嘉靖二十四年（1545）卒，年五十四。见《畸谱》及《徐文长三集》卷二十六《伯兄墓志铭》。贾：经商。

〔四二〕仲：徐渭次兄名潞，字文邦，贵州龙里卫诸生，徐淮同母弟，长徐渭二十岁。嘉靖十九年（1540）卒，年四十。见《畸谱》及《徐文长三集》卷二十六《仲兄墓志铭》。取：录取。庠生：秀才。

〔四三〕书契：指文字。

〔四四〕发衍：发挥阐发。

〔四五〕君子：有道德的人。缙绅：把笏板（古代大臣上朝廷时手中所拿的狭长板子，用玉、象牙或竹制成，以为指画及记事之用）插在大带间。缙，通"搢"，插。绅，士大夫腰间束的大带。又指代士大夫。宝树：亦称玉树，喻佳子弟。南朝宋刘义庆《世说新语·言语》："谢太傅（谢安）问诸子侄：'子弟亦何预人事？而正欲使其佳。'诸人莫有言者，车骑（谢玄）答曰：'譬如芝兰玉树，欲使其生于阶庭耳。'"灵珠：即灵蛇珠，亦称隋侯珠，喻锦绣文才。晋干宝《搜神记》卷二十："隋侯出行，见大蛇被伤，中断，疑其灵异，使人以药封之，蛇乃能走。因号其处断蛇丘。岁余，蛇衔明珠以报之。珠盈径寸，纯白而夜有光，明如月之照，可以烛室。"

〔四六〕刘晏（716—780）：字士安，曹州南华（今山东菏泽）人。七岁举神童，授秘书省正字，官至吏部尚书同中书门下平章事。《旧唐书》卷一百二十三、《新唐书》卷一百四十九有传。杨修（175—219）：字德祖，弘农华阴（今属陕西）人。出身汉魏名门弘农杨氏，太尉杨彪之子，东汉末年文学家，博学有俊才。《后汉书》卷五十四有传。

〔四七〕十三岁老母终堂：徐渭嫡母苗宜人，云南澄江府江川县人。嘉靖十三年（1534）卒，年五十九。苗氏对徐渭异常疼爱。见《畸谱》及《徐文长三集》卷二十六《嫡母苗宜人墓志铭》。

〔四八〕丝棼（fén）：形容纷繁紊乱。棼，纷乱之意。《左传·隐公四年》："臣闻以德和民，不闻以乱。以乱，犹治丝而棼之也。"

〔四九〕棋卵：将棋子层层堆叠起来，上面还要堆放鸡蛋，形容极为危险。《史记》卷七十九《范雎蔡泽列传》张守节正义引《说苑》："晋灵公造九层之台，费用千金，谓左右曰：'敢有谏者斩。'荀息闻之，上书求见。灵公张弩持矢见之。曰：'臣不敢谏也。臣能累十二博棋，加九鸡子其上。'公曰：'子为寡人作之。'荀息正颜色，定志意，以棋子置下，加九鸡子其上。左右惧慑息，灵公气息不续。公曰：'危哉，危哉！'荀息曰：'此殆不危也，复有危于此者。'公曰：'愿见之。'荀息曰：'九层之台三年不成，男不耕，女不织，国用空虚，邻国谋议将兴，社稷亡灭，君欲何望？'灵公曰：'寡人之过也乃至于此!'即坏九层台也。"

〔五〇〕骨肉煎逼,萁豆相然:相传魏文帝曹丕欲加害其弟曹植,命他七步之内作一诗,若不成即要论罪。曹植应声成诗:"煮豆燃豆萁,豆在釜中泣。本是同根生,相煎何太急。"然,燃古今字。此处以"萁豆相燃"的典故,意指兄长徐淮逼迫自己,两人曾有矛盾冲突,关系紧张。徐渭在嫡母苗宜人去世后,依伯兄徐淮生活了六年,"兄视之如己子"(《徐文长三集》卷二十六《伯兄墓志铭》),可见徐淮对徐渭也有爱护有加、充满温情的一面。徐渭在此指责徐淮,或是为了突出自己的窘境,达到以情动人的效果。

〔五一〕北溟之鱼,终亦南徙:《庄子·逍遥游》:"北冥有鱼,其名为鲲。鲲之大,不知其几千里也。化而为鸟,其名为鹏。鹏之背,不知其几千里也;怒而飞,其翼若垂天之云。是鸟也,海运则将徙于南冥。南冥者,天池也。"

〔五二〕扶桑之鸟:扶桑为神话中的树名,十日并在其上,日中有三足乌。《山海经·海外东经》:"汤谷上有扶桑,十日所浴。"《山海经·大荒东经》:"汤谷上有扶木,一日方至,一日方出,皆载于乌。"

〔五三〕桑弧蓬矢:桑木作弓,蓬草为箭。古代男子出生,射人用桑木做的弓,蓬草做的箭,射天地四方,期望其立志广远。出自《礼记·内则》。

〔五四〕重耳:晋文公。晋献公之子,春秋五霸之一,公元前636年至前628年在位。重耳四十三岁时,遭骊姬之难，出奔他国。先后逃至狄、齐、楚、秦等国，历时十九年，六十二岁时在秦穆公支持下回国继位。后在赵衰、狐偃、先轸、荀林父、魏犨等人辅佐下，励精图治，成就霸业。见《史记》卷三十九《晋世家》。

〔五五〕马援（前14—公元49）：字文渊，扶风茂陵（今陕西兴平）人。西汉末东汉初著名军事家，为战国时期赵国名将赵奢之后。马援早年至边郡畜牧，后为东汉大将，功勋卓著，官至伏波将军，封新息侯。《后汉书》卷二十四有传。

〔五六〕婆娑：盘旋，彷徨。蓬蒿：飞蓬和蒿草，借指草野。李白《南陵别儿童入京》诗："仰天大笑出门去，我辈岂是蓬蒿人。"

〔五七〕肄业：修业，学习。发科：科举考试中式。

〔五八〕锱铢：六铢为一锱，二十四铢为一两，比喻极细微的数量。

〔五九〕饔飧（yōngsūn）：早饭和晚饭。此处代指生计。

〔六〇〕伍员（前559—前484）：字子胥，春秋楚国人。楚平王听信谗言，杀其父兄，他逃往吴国，助吴王阖闾伐楚。伍子胥在逃亡途中，曾吹箫乞食于吴市。《史记》卷七十九《范雎蔡泽列传》："伍子胥橐载而出昭关，夜行昼伏，至于陵水，无以糊其口，膝行蒲伏，稽首肉袒，鼓腹吹篪，乞食于吴市。"蒲关：即蒲津关，位于黄河西岸，在今山西永济西。伍员乞食应在吴国，位于长江以南。此处或是徐渭误记。

〔六一〕韩信：江苏淮阴人，助汉王刘邦击败项羽，平定天下,与彭越、英布并称为汉初三大名将。韩信少时贫贱,曾受漂母馈赠的食物。《史记》卷九十二《淮阴侯列传》:"信钓于城下,诸母漂,有一母见信饥,饭信,竟漂数十日。"

〔六二〕蕴抱:抱负。

〔六三〕踘踏(jújí):曲着背小步走,形容畏缩不安、戒慎小心。霜月:冬月。

〔六四〕乡曲:乡里。

〔六五〕自咋(zé)已指:咬指出血以自誓。

〔六六〕黄帝:姓公孙,名轩辕。传说中古代华夏部落领袖之一,在阪泉之战中胜炎帝,在涿鹿之战中胜蚩尤,被尊为天子。见《史记》卷一《五帝本纪》。

〔六七〕贲、育:孟贲、夏育,皆战国时期卫国勇士,力大无穷。

〔六八〕钟期:即钟子期。春秋时期楚国人。与伯牙为知音。伯牙善鼓琴,钟期善听。钟期死,伯牙破琴绝弦,终生不复鼓琴。见《列子·汤问》《吕氏春秋·本味》。

〔六九〕駃騠(juétí):古良马名。

〔七〇〕方皋:九方皋,春秋时期相马家。伯乐推荐他为秦穆公求马,他不辨毛色雌雄,而观察马的内神,"得其精忘其粗,在其内而忘其外",因得天下良马。见《列子·说符》。

〔七一〕刍米仆赁:草料、粮食及雇佣仆役,泛指基本生活物资。韩愈《与于襄阳书》:"愈今者惟朝夕刍米仆赁之资是急,不过费阁下一朝之享而足也。"

〔七二〕无鱼之歌：战国时期齐人冯谖，贫乏不能自存，寄食于孟尝君门下。一段时日后，倚柱弹剑而歌，抱怨"食无鱼""出无车""无以为家"，孟尝君满足了他的各种要求。后冯谖为孟尝君谋就三窟，使孟尝君"为相数十年，无纤介之祸"。见《战国策·齐策四》。

〔七三〕袁安：字邵公，汝南汝阳（今河南商水）人。东汉名臣。初任汝阳县功曹，后以孝廉获举，历任河南尹、太仆、司空、司徒等职。《后汉书》卷四十五《袁安传》李贤注引《汝南先贤传》："时大雪积地丈余，洛阳令身出案行，见人家皆除雪出，有乞食者。至袁安门，无有行路。谓安已死，令人除雪入户。见安僵卧，问何以不出。安曰：'大雪人皆饿，不宜干人。'令以为贤，举为孝廉也。"狷（juàn）：性情耿直，洁身自好。与"狂"相对。《论语·子路》："狂者进取，狷者有所不为也。"

〔七四〕桎梏（zhìgù）：脚镣和手铐。躬：身体。

〔七五〕怛（dá）然：忧伤貌。

〔七六〕猿狙：猿猴。

〔七七〕长江：此指钱塘江。《（康熙）钱塘县志》卷二"江上山"下"五云山"条："长江三折绕其前。"《（嘉庆）钱塘县志补》录周致尧《渡钱塘江》："日出长江烟雾开，吴山越树抱江回。"

〔七八〕操瓢：行乞。《庄子·盗跖》："此六子者，无异于磔犬流豕操瓢而乞者，皆离名轻死，不念本养寿命者也。"

〔七九〕恶影而居日，恶臭而闻庖：讨厌影子却靠近太阳，讨厌气味却闻到厨房的气味。喻事与愿违。《庄子·渔父》："人有畏影恶迹而去之走者，举足愈数而迹愈多，走愈疾而影不离身。"

〔八〇〕鹏迹霞骞：辉煌经历像云霞高飞。

〔八一〕德参天地：品德高尚可以与天地并列。参，比、并。

〔八二〕典谟（mó）：《尚书》中《尧典》《舜典》《大禹谟》《皋陶谟》的并称，代指文章的典范。

〔八三〕三代：夏、商、周三代。《论语·卫灵公》："斯民也，三代之所以直道而行也。"

〔八四〕卓荦（luò）：卓越出众。虞夏：舜所建的虞代和禹所建的夏代。《礼记·表记》："虞夏之质，殷周之文，至矣。"

〔八五〕四绝：南朝梁、陈间僧人洪偃，貌、义、诗、书，号为"四绝"。见唐释道宣《续高僧传》卷七。

〔八六〕当道：当权者。

〔八七〕欧、胡：欧阳修、胡铨。欧阳修（1007—1072），字永叔，号醉翁，晚号六一居士，谥号文忠，吉州永丰（今属江西）人。北宋文学家、史学家、政治家，官至参知政事，《宋史》卷三百一十九有传。胡铨（1102—1180），字邦衡，号澹庵，吉州庐陵（今江西吉安）人。南宋政治家、文学家。绍兴八年（1138），宋高宗和秦桧卑躬屈膝与金使议和，胡铨上书高宗，要求斩秦桧，诏除名流昭州。胡铨为文推崇韩愈、欧阳修，主张以文"传道"。《宋史》卷三百七十四有传。南宋周必大曾在庐陵建三忠堂,祭祀欧阳修(谥文忠)、杨邦乂(谥忠襄)、胡铨(谥忠简)。后人又把欧阳修、杨邦乂、胡铨、周必大誉为"庐陵四忠"。

〔八八〕謦(qǐng)欬:咳嗽,引申为谈笑。

〔八九〕钧天广乐:天上的仙乐。《列子·周穆王》:"王实以为清都紫微,钧天广乐,帝之所居。"

〔九〇〕虞庭:亦作"虞廷",虞舜的朝廷,代指圣朝。

〔九一〕伶官:乐官。俳(pái)优:以乐舞谐戏为业的艺人。

〔九二〕巴人郢客:指各种歌者和听众。《文选》卷四十五宋玉《对楚王问》:"客有歌于郢中者,其始曰《下里》《巴人》,国中属而和者数千人。其为《阳阿》《薤露》,国中属而和者数百人。其为《阳春》《白雪》,国中属而和者不过数十人。"

〔九三〕忭(biàn)舞:高兴得手舞足蹈。

〔九四〕翕翼:合拢翅膀。俯(fǔ)首:低头。

〔九五〕橐籥(tuóyuè):古代用以鼓风吹火的袋囊和竹管,犹今之风箱。钤(qián)键:锁钥。橐籥、钤键,代指事物的关键部分。此谓张岳为衡量评价人物及文章的关键人物。

〔九六〕登龙门:比喻得到有名望者的接待和援引而提高身价。出自《后汉书》卷六十七《李膺传》:"膺独持风裁,以声名自高。士有被其容接者,名为登龙门。"

〔九七〕粟缕:粒粟缕丝,形容数量微小。

〔九八〕攘(rǎng)臂:捋起衣袖,伸出胳膊。此处形容精神振奋,跃跃欲试。

〔九九〕剑隙之明：指微弱的光芒。

〔一〇〇〕玄黄：天地的颜色，天玄地黄。玄，黑色。《易·坤·文言》："夫玄黄者，天地之杂也，天玄而地黄。"

〔一〇一〕桑间之音：指淫靡的音乐。《礼记·乐记》："桑间濮上之音，亡国之音也。其政散，其民流，诬上行私而不可止也。"桑间濮上，为青年男女幽会之所。风雅：《诗经》中有《国风》《大雅》《小雅》，此处指雅乐，与世俗的桑间之音相对。

〔一〇二〕含弘：包容博厚。《易·坤》："坤厚载物，德合无疆。含弘光大，品物咸亨。"

〔一〇三〕旋车：掉转车驾。

〔一〇四〕阮生：阮籍（210—263），字嗣宗，陈留尉氏（今属河南）人。三国魏诗人，竹林七贤之一。《晋书》卷四十九《阮籍传》："时率意独驾，不由径路，车迹所穷，辄恸哭而反。"

〔一〇五〕木强：质直刚强。块峛：孤特独立。《史记》卷一百二十六《滑稽列传》："今世之处士，时虽不用，峛然独立，块然独处。"

〔一〇六〕希声：希冀声誉。钓望：钓名，以不正当的手段猎取声望。

〔一〇七〕淳于：淳于髡（kūn），战国时期齐国政治家、思想家。长不满七尺，以滑稽多辩闻名。齐威王时任大夫。曾被引见给魏惠王，惠王想封他为卿相，被他拒绝。见《史记》卷一百二十六《滑稽列传》、《史记》卷七十四《孟子荀卿列传》。仲连：鲁仲连，战国时期齐国人，为游说名士，好为人排难解纷而不求回报。魏国派将军新垣衍游说赵王尊秦为帝，平原君介绍鲁仲连会见新垣衍，鲁仲连说服新垣衍放弃之前的策略。见《史记》卷八十三《鲁仲连邹阳列传》。

〔一〇八〕叔牙：鲍叔牙，春秋时期齐国大夫，与管仲交好，举荐管仲为相，人称"管鲍之交"。管仲曰："生我者父母，知我者鲍子也。"见《史记》卷六十二《管晏列传》。得意：杨得意，西汉时蜀人，与司马相如同邑。汉武帝时为狗监（掌管猎犬的官），曾向汉武帝推荐司马相如，司马相如得以被召见，后来名闻天下。见《史记》卷一百一十七《司马相如列传》。

〔一〇九〕偃蹇（yǎnjiǎn）：困顿窘迫。

〔一一〇〕餔（bū）：申时吃的饭食，即晚饭。

〔一一一〕役志：用心。《尚书·洛诰》："惟不役志于享。"

〔一一二〕颜、端：颜回、端木赐，皆孔子弟子。颜回，字子渊，春秋时期鲁国人，以德行著称。端木赐，字子贡，春秋时期卫国人，善于雄辩。

〔一一三〕经济：经世济民，治理国家。董、贾：董仲舒、贾谊，皆西汉名臣。董仲舒（前179—前104），广川（今河北景县）人。汉景帝时以治《春秋》为博士，汉武帝时任江都相、胶西王相。刘向称其有"王佐之才"。见《汉书》卷五十六《董仲舒传》。贾谊（前200—前168），洛阳（今属河南）人。汉文帝时任博士，后为长沙王、梁怀王太傅。其政论文《过秦论》《论积贮疏》《治安策》等，说理透彻，思想深刻，阐述了他高瞻远瞩的治国方略。

〔一一四〕班、马：班固、司马迁。班固（32—92），字孟坚，扶风安陵（今陕西咸阳）人。东汉史学家、文学家，《汉书》作者。司马迁，字子长，夏阳（今陕西韩城）人。西汉史学家、文学家，《史记》作者。

〔一一五〕广成、羡门：古代传说中的仙人。相传广成子曾传授黄帝至道要诀；紫阳真人周义山入蒙山遇羡门子，向其乞长生要诀。

〔一一六〕岐伯：相传为黄帝时名医。卢扁：扁鹊，姓秦，名越人，勃海郡鄚（今河北任丘）人。战国时期名医，因家于卢国，故又名"卢扁"。

〔一一七〕捐骸：捐躯。

〔一一八〕曹沫：春秋时期鲁国人。鲁庄公时力士。任将军，与齐国交战，三战三败。鲁庄公与齐桓公在柯地会盟，曹沫以匕首劫持齐桓公，尽得失地。聂政：战国时期韩国人。韩大夫严仲子与韩相侠累有仇，聂政为报答严仲子知遇之恩，独自仗剑刺杀侠累。因怕连累亲人，自毁容貌而死，被暴尸于韩市。俱见《史记》卷八十六《刺客列传》。

〔一一九〕假：借。晷（guǐ）刻：顷刻，片刻。

〔一二〇〕短长：指优劣。

〔一二一〕指掌：比喻事情容易办。《礼记·仲尼燕居》："明乎郊社之义，尝禘之礼，治国其如指诸掌而已乎！"

〔一二二〕饭茹糗（qiǔ）粝：形容饮食粗劣。饭、茹，吃。

糗，干粮。粝，糙米。

〔一二三〕驽蹇（nújiǎn）：才能低下。

〔一二四〕尽性：此指性理之学。轶：超过。四儒：此指宋代理学家周敦颐、程颢和程颐兄弟、张载、朱熹，他们分别创立了濂、洛、关、闽四个理学学派。

〔一二五〕信陵：魏无忌，战国时期魏国公子，封于信陵，被称为信陵君。信陵君仁爱宽厚，礼贤下士，士人争相归附，致食客三千人。春申：黄歇，战国时期楚国人。楚考烈王以黄歇为相，封为春申君，亦招引门客。魏国信陵君魏无忌、楚国春申君黄歇、赵国平原君赵胜、齐国孟尝君田文并称为"战国四公子"。

〔一二六〕"飞剑跃舞"句：此句是指兰子弄剑的故事，出自《列子·说符》："宋有兰子者，以技干宋元。宋元召而使见。其技以双枝，长倍其身，属其胫，并趋并驰，弄七剑，迭而跃之，五剑常在空中。元君大惊，立赐金帛。"

〔一二七〕皋、夔：皋陶和夔的并称。传说皋陶是虞舜时刑官，夔是虞舜时乐官。后常借指贤臣。

〔一二八〕靳（jìn）：吝惜。

〔一二九〕信（shēn）眉：扬眉自得貌。信，通"伸"。《汉书》卷六十二《司马迁传》："今已亏形为扫除之隶，在阘茸之中，乃欲印首信眉，论列是非，不亦轻朝廷，羞当世之士邪！"

〔一三〇〕荆轲：战国时期卫国人。日与狗屠饮于燕市。受燕太子丹所托刺杀秦王政，事败被杀。豫让：春秋时期晋国人。晋卿智伯的家臣。赵襄子与韩、魏合谋灭智伯。豫让为报答智伯以国士相待的情谊，漆身吞炭，伺机行刺赵襄子，事败自杀。俱见《史记》卷八十六《刺客列传》。

〔一三一〕中流之龟：东晋毛宝所见军人放龟事。《晋书》卷八十一《毛宝列传》："初，宝在武昌，军人有于市买得一白龟，长四五寸，养之渐大，放诸江中。邾城之败，养龟人被铠持刀，自投于水中，如觉堕一石上，视之，乃先所养白龟，长五六尺，送至东岸，遂得免焉。"

〔一三二〕报珠而浮渡：报珠指隋侯之珠，见本篇注〔四五〕。北溟之鱼无报珠之事，此或为徐渭误记。浮渡指中流之龟。

〔一三三〕负贩：担货贩卖，指小商贩。

〔一三四〕衷悃（kǔn）：恳切之心。

〔一三五〕百川归潦（lǎo）：《列子·汤问》："地不满东南，故百川水潦归焉。"潦，积水。

〔一三六〕瑕摘：过失。

点评

这是徐渭写给浙江按察司副使张岳的自荐书。张岳于嘉靖十七年（1538）八月由广东廉州知府升为浙江按察司副使，十八年十二月升浙江布政使司左参政（《明世宗实录》卷二百十五、卷二百三十二）。由此可知，徐渭上书的时间当为嘉靖十七年八月至十八年十二月期间，时徐渭年十八至十九。

徐渭虽然在年少时就聪明出众,受到地方长官的赏识,但他在考科举的道路上却一再受挫。第一次参加选拔秀才的童试没有考中,第二次又因"不合规寸"而未被录取。未能考取秀才使徐渭的生活陷入窘迫的境地,一方面要为生计发愁,另一方面又要面对父兄宗党的施压。徐渭曾想过远赴贵州,跟随仲兄徐潞一起应试,无奈路途遥远,缺少盘缠。后来徐渭离开家乡,到了杭州,"寄旅北门",设帐授徒,可惜数月无人问津。此时徐渭进退维谷:若是返家,则受侮于宗党;若是留下,则衣食无着。正是在这种困顿的情况下,徐渭给张岳上书,期望有一个复试的机会。

要达到复试的目的,首先要以才服人,让张岳感叹自己的才华被埋没,惜其不遇。要使提学副使相信在童试中落败的考生有才华,就不能谦卑自抑,必须最大可能地展示自己的才气。对本身处于低位的人来说,谦恭只会让他人更加忽视自身的存在。换句话说,此时的徐渭是没有资本谦恭的。所以徐渭毫不吝啬地夸耀自己才华过人,"假以三年,则道理之堂可造。语文章则跨制两汉,语尽性则驾轶四儒";同时运用大量典故和对偶,使整篇文章文采斐然。

其次要以情动人,让张岳同情自己的遭遇,怜其不幸。先从自己身世说起,"幼本孤独",父亲"生渭一岁而卒","十三岁老母终堂",两位兄长都在外地,孤苦伶仃。但一味卖惨只会使人厌烦,在逆境中奋发向上才能得人青目。"激昂丈夫,焉能婆娑蓬蒿,终受制于人哉?"透露出不受命运摆布的志气,才让人动容。

最后还要以辞悦人,让张岳乐意当伯乐,助其成事。张岳可称得上是一代英才，他为人正直敢言，正德朝因谏阻武宗南巡被贬，嘉靖朝又因得罪张璁、严嵩被贬；他还是一位胸怀韬略的将领，多次平定叛乱；一生好学不倦，工于文章，虽戎马倥偬，却著述宏富。但"鹏迹霞骞，丰采玉立，德参天地，文协典谟，因将以齐足三代，而卓荦于虞夏者也"等等，实属过誉之词。

徐渭这封书信在很大程度上模仿李白的《与韩荆州书》。两者有明显相似之处：作为自荐信，都无过多谦抑之词，相反作者对自己的才气都相当自负；都通过用典以彰显自身才华，通过吹捧以取悦对方。甚至连措辞都很接近，如二人对收信人的奉承之词：李白奉承荆州长史韩朝宗"制作侔神明，德行动天地，笔参造化，学究天人""为文章之司命，人物之权衡"；徐渭吹捧张岳"德参天地，文协典谟""为人物之橐籥，文章之钤键"。再如二人夸赞自己才思敏捷，李白声称"日试万言，倚马可待"，徐渭则言"指掌之间，万言可就"。两者明显的不同之处在于，徐渭自我介绍时多了份危苦之气，不如李白豪气干云。徐渭之文胜在情感动人，不管是哀叹自己身世遭遇流露的凄苦之情，还是为自己怀才不遇鸣不平流露的激愤之情，都倾注了徐渭强烈的情感。因此在文势上，《上提学副使张公书》迂回往复、引人共鸣，而《与韩荆州书》则更恣肆纵横、气势凌云。

张岳看过徐渭的书信后，曾召其面试（见《徐文长佚草》卷八《上萧宪副书》）。面试后，张岳是否向人推荐过徐渭，尚不能确定。张岳于嘉靖十八年（1539）十二月升为浙江布政使司左参政，因此徐渭上书的时间不会迟于嘉靖十八年十二月。而据徐渭自著《畸谱》载"二十岁，庚子，渭进山阴学诸生，得应乡科"，则他中秀才是在嘉靖十九年（1540），与上书时间至少相距几个月，甚至更长。且《畸谱》对此次上书只字未提，徐渭自编的三个诗文集也不收此信。如果张岳在面试后直接录取徐渭为秀才，对这样重大的事件，照理徐渭不会只字不提。与此形成对照的是，徐渭就考取秀才一事，不止一次提到山阴知县方廷玺。《徐文长逸稿》卷二十二《方山阴公墓表》载"公（方廷玺）又谬器别之，从臾令籍泮为诸生"，写自己得到方廷玺赏识，受其鼓励，后来考中秀才。《徐文长三集》卷七《送方阜民公子还歙》题下自注："方阜民尊公知山阴，渭始籍诸生，提调师也。"指明方廷玺是自己秀才录取考试的"提调师"。据上分析，尚不能断言徐渭考取秀才与此次上书直接相关。

与张石洲论修府志书〔一〕

夫蓬蒿在道，樵采不遗；美玉含山，献人再刖〔二〕。渭每痛此，谓知己者难。顾今遭遇足下，岂敢隐匿？近闻江村老先生锐意修补郡志〔三〕，采访广大，科条精详。因取旧所谓志览观，乃知作者敷叙不经纶〔四〕，综核无法度〔五〕。使无填志事实，赖乎前闻之故，一过人目，便可付瓿上耳〔六〕。夫前此郡公，岂不用心锐志，广收博访？其一时纂集之辈，岂不把毫濡墨，援采简编，丝寻缕对，流汗卷手者哉？所以不免盖瓿者，以作者无人，信耳目而真儒放失也〔七〕。

夫事不患其不详，而患于无断；文不患其不衍〔八〕，而患其不古。今积案盈厨，揭章试目，则中才皆无遗，以旧闻昭然而裁断不自己出也。至于宰割简繁，传序文采，求源根、肆评论之际，则百人无一焉。何者？言语一也，重颐缺齿、龋牙而扼喉吃吃者〔九〕，其对人非不尽事实，与丹唇皓齿、嗓利而舌敏者自异矣〔一〇〕。

天下事忌绝盛，唯德行文史弥焉。行于前而可毁于后，非上圣之行也；作于昔而改辙于今，非垂世之文也。

故司马迁作《史记》，班固叙《汉书》，其诸传记，在于马者，班未之有易，所乖忤者，特数字数行之间耳。即今之修志，渭尚未尝闻其人若干，其名姓为某。然假令收十人，其重颐缺齿者非能尽删艾也〔一一〕，必丹唇皓齿、噪利舌敏者亦一二人焉，居其中，使言话，不亦动观听哉？故孔子曰："为命，裨谌草创之，世叔讨论之，行人子羽修饰之，东里子产润色之。"〔一二〕郑能用人材，各尽其长，四数不悔，况于莫大之府，为不朽之事，上有郡公之贤、台下诸公之哲，而可以苟且为哉？

士之有才者多耻于自媒〔一三〕。其荐焉者，或未尝专是门户，徒取诸耳目及有司校艺上下以为去留〔一四〕。夫志乃史事，此岂可以当今校艺进退人材哉？此所以十修葺而九不足观也。渭目睹诸公将举不朽之事，恐不免覆瓿之弊，惜旧所荐引之非材，故蹈自媒之行，欲举专是术者如某某等。敢劳转毂〔一五〕，登之府署，俾裨补放逸〔一六〕，少有可观。

昨谒横翁〔一七〕，以宾客满座，不可遽白。欲与台下面陈，伏闻畏暑戒客，又不敢进。以有降使取文之便，谨奉书问。还乞降命，一示可否，不胜幸甚。

《徐文长佚草》卷八，清初徐沁辑息耕堂抄本

注释

〔一〕张石洲：张鉴，字汝明，号石洲，四川南充人。嘉靖二十三年（1544）进士，二十四年任浙江会稽知县，二十七年升南京监察御史，官至都察院右佥都御史，隆庆四年（1570）卒于任。

〔二〕蓬蒿：飞蓬和蒿草。樵采：打柴的人。献人再刖：春秋时期楚人卞和，得玉璞，先后献给楚厉王和楚武王，都被认为欺诈，受刑砍去双脚。见《韩非子·和氏》。此句的意思是：大路上的蓬草和蒿草，不会被打柴人遗漏；深山里的美玉，却让进献之人受刑。喻无才之人因身处要道而被任用，有才之人因地处偏僻而不为所用。

〔三〕江村老先生：沈启（qǐ），字子由，人称江村先生，苏州府吴江（今属江苏）人。嘉靖十七年（1538）进士，授南京工部主事，改北京刑部主事，历员外郎、郎中，出为绍兴知府，升湖广按察副使。年七十八卒。著有《牧越议略》《吴江水利考》《家居稿》等。任绍兴知府的时间为嘉靖二十四年至二十九年（1545—1550）。

〔四〕敷（fū）叙：铺叙，陈述。经纶：理出丝绪为经，编丝成绳为纶。此句的意思是，旧志作者叙述没有条理。

〔五〕综核：聚总而核实。

〔六〕付瓿（bù）：即覆瓿，指用来盖瓦罐，喻毫无价值。瓿，小瓮。《汉书》卷八十七《扬雄传》："钜鹿侯芭常从雄居，受其《太玄》《法言》焉。刘歆亦尝观之，谓雄曰：'空自苦！

今学者有禄利，然尚不能明《易》，又如《玄》何？吾恐后人用覆酱瓿也。'雄笑而不应。"

〔七〕放失：流散。失，通"佚"。

〔八〕衍：漫衍，铺展。

〔九〕重颐：双下巴。齲（qǔ）牙：蛀牙。扼喉吃吃：卡住喉咙，说话结结巴巴。

〔一〇〕嗓：原作"噪"，据文意改。下同。

〔一一〕删艾：去除。艾，通"刈"。

〔一二〕"故孔子曰"句：出自《论语·宪问》。意思是：郑国撰写外交辞令，由裨谌（píchén）拟稿，世叔提意见，外交官子羽修改，东里子产加工润色。

〔一三〕自媒：自荐。

〔一四〕校艺：考核学问。

〔一五〕转毂（gǔ）：转动车轮，此喻推荐。毂，车轮中心的圆木，外沿与车辐相接，中有插轴的圆孔，借指车轮或车。

〔一六〕俾（bǐ）：使。裨（bì）补：弥补。放逸：此指流散的人才。

〔一七〕横翁：周俊民，字明甫，号横山，常州府无锡（今属江苏）人。嘉靖二十年（1541）进士，二十三年至二十七年任山阴知县。

点评

这是徐渭写给会稽县知县张鉴的书信。徐渭听闻绍兴知府沈鉴有意重修《绍兴府志》,因而自荐参与。张鉴于嘉靖二十四年(1545)任会稽知县(《季彭山先生文集》卷二《绍兴郡侯沈公祖清查田粮记》"乙巳南充张侯鉴来知会稽"),于嘉靖二十七年(1548)十一月升南京监察御史(《明世宗实录》卷三百四十二)。此信当写于嘉靖二十四年至二十七年期间,时徐渭二十五至二十八岁。

信的开头即道明写这封信的原因:虽然"知己者难",但如今遇到您,我就不敢"隐匿",因而自荐。这是对收信人张鉴的恭维与肯定,相信他眼光独到,是知己者。接着切入正题,指出旧志论述无条理,考核无法度,毫无价值。而出现这种状况的根本原因在于所用非人,之前的修志者大都老迈不堪、笨嘴拙舌、没有文采、缺乏判断力。所以我推荐包括自己在内的几位伶牙俐齿、年轻灵敏的专家,必能弥补旧志"放逸"的缺点,使新修的府志"少有可观"。

这封自荐信言辞尖锐、富有攻击性,展现在我们面前的是一个愤世嫉俗的批判者形象。徐渭这种抹杀他人、目空一切的态度并不可取,给人狂妄的印象,容易引人反感,不利于达成自己的目的。

徐渭十八九岁写的自荐信《上提学副使张公书》,展现出的是一个踌躇满志、对未来有憧憬的年轻人形象,与这封自荐信给人的印象差异颇大。这或与徐渭这几年的经历有关。徐渭二十岁时,次兄徐潞病死。这年徐渭第一次参加乡试落第,同年入赘潘家。二十三岁第二次参加乡试,又名落孙山。二十五岁,长兄徐淮去世。两位兄长死后皆无子嗣,徐渭却因入赘潘家无法继承家产,官司失败，财产皆空。二十六岁，第三次乡试落第，是年爱妻潘氏亡故，年仅十九岁。这些变故与挫折让徐渭变得激愤、叛逆。

此次沈启重修府志一事未成，万历年间由绍兴知府萧良干领衔重修、张元忭纂写，于万历十五年(1587)刊刻。万历二年(1574)，张元忭推荐徐渭修《会稽县志》。当时徐渭已五十四岁，距离写这封信相隔了近三十年。徐渭仅花了六个月就完成《会稽县志》的重修工作，其修志才华终于得以施展。

奉督学宗师薛公[一]

先生自振古以来有数之人，负当今天下之望，其视学于浙[二]，深以俗学时文为忧[三]，悒悒不满。至如某小子，又时俗中之所不喜者，而先生顾独拔而取焉[四]，以深奖而勤诱之。先生去浙，于今且五年[五]。凡浙之士，一蒙先生之顾盼者[六]，无不接踵于先生之门，以幸得一言之教。某小子独于前年春，始谋一侍讲席[七]。既附舟以行，又以溃寇萧显自松江走乍浦，大战海宁，关市戒严，乃复自杭返越，今既三年矣。而先生于往来生徒过客中，无一不惓惓于某，且曰其令某来，吾得以耳提而事示之[八]。何先生知某之深，待某之厚，而某小子之于先生，乃敢浅且薄如是也！

客有疑于某者曰："始先生以衣履之故让子，其后以投省之牒付儒士，子得无疑先生终不满子而不敢往耶？"[九]恶，是何言也！此在世间校毫厘、分恩怨小丈夫斗气于其行伍者之所为，而岂所以语于师弟子者耶？语于师弟子且不可，而岂所以语于某与先生之师弟子者耶？己有过矣，而欲侥幸于不问；格有当破者矣[一〇]，而尤怨望人以不惟旧之循。某虽劣弟子，决不敢以此自待。若夫见人之有过矣，而果付于不问焉，于格有当破者矣，而惟旧之循焉，此非猎取宽大恬静之名，必模棱应故事以为得者〔一一〕。先生何等师也，而乃肯以是自处耶？而况乎先生始以衣履之故而让，其后又以朴疏以不羁而言诸人矣〔一二〕。至于崇本刊华〔一三〕，谈道论学，信心胸而破耳目，先生至以全浙无一生可与语，独庶几于某焉。其所谓付人以牒者，特以某所为制文梗时人之齿颊耳〔一四〕。即此则知先生以时俗待众人，而以不时不俗者待某，所谓"大将军有揖客，不反重耶"者〔一五〕，此也。即使某诚小丈夫，诚于先生为寻常师弟子，亦不当有疑，不敢往事，而况某与先生之师子弟耶？恶，是何言也！

今世弟子远从于其师，非请教则候起居。大抵重在请教者久于留，重在候起居者速于去。然于此二事，亦有不亲往而托书者，则泛泛然者也。某私念，某于先生，既不敢以泛泛然者自处；亲往以候起居，则将速于去矣，不尽也；久于留以请教，力又有所不能。是以迟之数年而不亲往，又不敢托书者，此也。如前年附舟之行，则又乘人之便，亦不过为候起居计耳。明年二三月间，纵不为请教计，必为候起居计，以一泄数年以来犬马瞻恋感激之衷。

今兹敢复托言者，正以前所云如客之所疑于某者，恐亦有蜚语入先生之耳，而某于他日面先生时，又不可先述于先生之前者也。故因钮常州公子之便〔一六〕，为先生预一道破之。噫，某诚犬马，至愚无知觉，至于先生，岂一日而忘之哉！

《徐文长三集》卷十六，明万历二十八年商浚刻本

注释

〔一〕督学宗师薛公：薛应旂（1500—1575），字仲常，号方山，常州府武进（今属江苏）人。嘉靖十四年（1535）进士，知慈溪县，改江西九江府儒学教授，转南京吏部考功司主事，晋郎中，主京察。因得罪严嵩，谪建昌通判。复升刑部陕西司员外郎。嘉靖二十九年，升浙江提学副使。嘉靖三十四年，调任陕西鄜州兵备副使，第二年罢归。著有《宋元资治通鉴》《考亭渊源录》《四书人物考》《薛方山纪述》《宪章录》《（嘉靖）浙江通志》等。《明儒学案》卷二十五《南中王门学案一》有传。徐渭于嘉靖三十一年参加科试，时薛应旂为浙江提学副使，督治学政，任科试主考官，所以徐渭称其为"督学宗师"。

〔二〕视学：督学。

〔三〕俗学：世俗流行之学。时文：科举时代应试的文章，特指八股文。

〔四〕"至如"句：指薛应旂在科试中将徐渭列为第一。

〔五〕于今且五年：薛应旂于嘉靖二十九年（1550）升任浙江提学副使，三十二年离任。徐渭写此信在嘉靖三十四年（1555），谓薛"去浙"五年不准确，从薛来浙之年算起，至今五年。

〔六〕顾盼：眷顾。

〔七〕一侍讲席：听其讲学，是对见面的恭敬说法。讲席，讲学的席位。

〔八〕耳提："耳提面命"的省称。《诗经·大雅·抑》："匪面命之，言提其耳。"意思是不但当面教导他，而且揪着他的耳朵向他讲。后以"耳提面命"形容恳切地教导。

〔九〕"客有疑"句：指薛应旂开始因徐渭的行为责备他，后来将徐渭投递的文章在学子中公开，以表示对他的不满。

〔一〇〕格有当破者：徐渭在科试中得第一，按常例，乡试应该被录取，但结果并未被录取，属于破格。

〔一一〕故事：旧例，惯例。

〔一二〕朴疏：质朴浅陋。

〔一三〕崇本刊华：崇尚根本，去除浮华。

〔一四〕制文：古代应试所作的文章，此指八股文。梗时人之齿颊：指不符合当时人的评价标准。

〔一五〕大将军有揖客，不反重耶：西汉汲黯与大将军卫青亢礼，见了卫青，不拜，只作揖。有人劝他要对卫青行拜礼。汲黯说："有人见了大将军，只是作揖，大将军不是更受人尊重吗？"卫青听说后，更认为汲黯贤良。见《史记》卷一百二十《汲郑列传》。徐渭引用这个典故是说，自己失礼，薛应旂不怪罪，这更显示出薛应旂的宽容大度。

〔一六〕钮常州：钮纬，字仲文，号石溪，浙江会稽（今浙江绍兴）人。著名藏书家。嘉靖二十年（1541）进士，二十二年任徽州祁门知县，二十四年升礼科给事中，二十九年升江西道御史，左迁为常熟县丞，三十六年升太平府同知。徐渭写此书信时，钮纬在常熟任县丞。常熟与武进两县相邻，钮纬之子钮琳前往常熟省亲，顺便帮徐渭捎信。钮琳（1538—1583），字粹甫，号鼎岩，钮纬少子，见《徐文长佚草》卷五《钮太学墓志铭》。

点评

这是徐渭写给原浙江提学副使薛应旂的一封书信。薛应旂于嘉靖二十九年（1550）十月任浙江提学副使（《明世宗实录》卷三百六十六），三十二年二月初调离浙江，回到家乡武进（《薛方山集》卷十一《浙江通志序》）。徐渭信中写自己"前年春"去拜访薛应旂，路遇萧显率领倭寇作乱，只能中途折返。萧显作乱发生在嘉靖三十二年四月（《明史纪事本末》卷五十五）。据此，这封信作于嘉靖三十四年（1555），时徐渭三十五岁。

徐渭与薛应旂的交集发生在嘉靖三十一年（1552）。那年徐渭三十二岁，参加科试。按明清科举制度，科试由各省学政主持，生员必须通过科试才能参加乡试。时任浙江提学副使的薛应旂任主考官，评徐渭为第一，徐渭因此成为廪生，并获得乡试资格。同年秋，徐渭乡试落第。第二年春，前往武进拜谒薛应旂，路遇倭寇作乱，只得从杭州返回绍兴。在薛应旂赋闲在家的两年时间里，徐渭没有再去拜访过。有人就猜测，薛应旂对徐渭不满，没有让他通过乡试，徐渭心有怨恨，所以不去拜望。嘉靖三十四年，徐渭托钮琳给薛应旂带去此信，表明心意，洗脱嫌疑。

薛应旂为人耿直，礼部尚书唐龙称其"性过自执，学不徇人，疾恶如仇，去奸如脱"。正是这种正直的性格使他的仕途充满艰险。他在任考功司郎中时，负责南京官员的考察，因秉公办事而得罪严嵩，后屡遭其迫害，直至罢官。薛应旂在浙江任提学副使的两年多时间里，"矢心竭力""士论颇协"，但因严嵩的诽谤，考察时置于"才力不及"之列（《薛方山集》卷二《疏稿》）。薛应旂在品评文章、选拔人才方面独具慧眼，与王鏊、唐顺之、瞿景淳并称时文四大家，"其阅文所品题，百不失一"（《明史》卷二百三十一），黄宗羲亦称其"鉴识甚精"（《明儒学案》卷二十五）。在嘉靖三十四年陕西乡试中，从落选的考生卷中取中邹应龙。他对徐渭的评价也是精准的，将其比作"诗鬼"李贺，"句句鬼语，李长吉之流也"（陶望龄《徐文长三集序》）。薛应旂将徐渭列为科试第一，对徐渭无疑是欣赏的。但他也不会庇护徐渭的缺点，曾不止一次批评过徐渭，对此徐渭没有怨言，承认自己有过错。徐渭"句句鬼语""梗时人之齿颊"的文章，不入其他考官之眼，乡试落第，并不意外。薛应旂肯定徐渭的才华，但对其不合时宜的一面也很清楚，这很可能是他在徐渭乡试一关没有帮忙的原因。他在《浙江乡试录序》中言"狂狷固可进于中行"(《薛方山集》卷十），显然徐渭属于"狂狷"者，与"中行"的标准还有差距。对于乡试未被录取，徐渭肯定很失望，但知道与自己的文风有关，也不好怨薛应旂。至于说自己属于"格有当破者"，是真的认为如此，还是对薛应旂只好这么说，就难说了。他只能从积极的一面看待薛应旂对自己的态度，说薛应旂是以"不时不俗者"待他，全浙江独他一人可与之"谈道论学"。这封信写得坦荡自信、真挚感人。

徐渭称"明年（嘉靖三十五年）二三月间"再去拜见薛应旂，结果并未成行，因当时薛应旂已离开武进。薛应旂于嘉靖三十四年调任陕西鄜州兵备副使，三十五年罢官归，侨居南京，以避倭寇（见《薛方山集》卷四）《答华师鲁问》。嘉靖四十二年（1563），徐渭赴礼部尚书李春芳之召入京，途径江苏，拜访薛应旂，临别时作诗《将游金山寺，立马江浒，奉酬宗师薛公》(《徐文长三集》卷四)："当年国士知，昨夕鸡黍会。十载并一朝，倏已成梦寐。"此时距离嘉靖三十一年受知于薛应旂，已过去十一年。

奉师季先生书之一〔一〕

顷得见老先生所撰韩氏祠堂碑文，意义款卓〔二〕，真可传也。少有欲言者，谓当直叙复产、建祠事，而以远妇人两节缀其尾，作志内遗事，如此方稳。不然，则是此老一生止此二大事矣。又且横梗于中，隔绝立祠文气。

又世所传操闭羽与其嫂于一室，羽遂明烛以达旦，事乃无有。盖到此田地，虽庸人亦做得，不足为羽奇。虽至愚人，亦不试以此，以操之智，决所不为也。杨节潘氏，盖亦看《三国志》小说而得之者。如所谓斩貂蝉之类〔三〕，世皆盛传之，乃绝无有，此不可不考也。

《徐文长三集》卷十六，明万历二十八年商浚刻本

注释

〔一〕季先生：季本（1485—1563），字明德，号彭山，浙江会稽（今浙江绍兴）人。正德十二年（1517）进士，十三年授建宁府推官。嘉靖三年（1524）擢监察御史。五年谪广东揭阳主簿。升江西弋阳知县。十年转苏州同知，升南京礼部郎中。十一年谪湖广辰州通判。十五年擢江西吉安同知。十七年升长沙知府，两年后罢归。嘉靖四十二年卒，年

七十九。为王阳明弟子。著有《易学四同》《诗说解颐》《春秋私考》等。《明儒学案》卷十三《浙中王门学案三》有传。

〔二〕款卓：感情恳挚，见识高超。

〔三〕斩貂蝉：民间流传的关羽月下斩貂蝉的故事。明中叶晁瑮《宝文堂书目》载有《关大王月下斩貂蝉》剧目。

点评

此篇与后两篇是徐渭写给老师季本的书信。嘉靖十九年（1540），季本因"锄击豪强过当"（黄宗羲《明儒学案》卷十三），从长沙知府任上罢官回乡，家居二十三年，著书立说。嘉靖二十六年（1547），徐渭二十七岁，正式拜师于季本。季本所讲学及著述，徐渭"多预闻之，或时就商榷"（《徐文长三集》卷二十七《师长沙公行状》），可见其对徐渭的信任。这封信是徐渭对季本起草的韩氏祠堂碑文所提的意见。

徐渭认为，碑文应直叙复产、建祠事，这是最重要的内容，是全文的主干，应该一气贯通写完，不应在中间插入"远妇人"两节，使文气不连贯，且显得"此老一生止此二大事"。徐渭建议将所谓"远妇人"两节内容附在文末，作为"志内遗事"即可。由此可见，徐渭深谙作文之法。不同文体有不同写法，碑文篇幅一般都不长，尤其应该主次分明，突出重点，文气贯通。

徐渭还在信中指出，关羽明烛达旦、斩貂蝉的故事，为通俗小说家之言，不足为信。这些故事出自普通老百姓根据自己的日常生活对历史人物及事件所作的想象和理解，反映了下层民众一种朴素的观念，在民间影响很大，但属于凡庸之见，经不起推敲和检验。关于关羽明烛达旦的故事，按照常理，曹操不会这么做。即使有其事，也很平常，普通人都做得到，不足为奇。徐渭能对此做出理性判断，可见他具有非同常人的洞察力。

奉师季先生书之二

昨恭承夫子书教[一],知解《诗》已至《桑扈》[二],渭亦甚欲一趋侍函丈[三],以受面诲[四],今且未能。然愚意窃有所献。

大约谓先儒若文公者[五],著释速成,兼欲尽窥诸子百氏之奥,是以冰解理顺之妙固多[六],而生吞活剥之弊亦有。此正后儒之所宜深戒者,不宜驳先儒而复蹈其弊,乃复为后人弄文墨之地也。解书惟有虚者活者,可以吾心体度而发明之[七]。至于有事迹而事迹已亡,有典故而典故无考,则彼之注既为臆说,我之训亦岂身经?彼此诋讥,后先翻异,辟如疑狱,徒费榜掠考讯之繁[八],终无指证归结之日。不若一切赦放,尚有农桑劝课之典,休养生息之政,可以与民更始者也[九]。近阅所传,可备参考。自此之外,则旁引曲证者,不过以夸多而斗靡,而故摘一字一句以售己说,遂至略人全文[一〇],则亦深文巧诋而可笑之甚矣[一一]。夫子道明而意见归一[一二],才敏而决断精果,其于某氏,决知其不可同日而语。至如渭所妄意于文公者,亦或夫子之所欲闻而不深弃者乎？

渭始以旷荡失学，已成废人，夫子幸哀而收教之。徒以志气弱卑，数年以来，仅辨菽麦[一三]。自分如此[一四]，岂敢以测夫子之深微？而夫子过不弃绝，每有所得，辄与谈论。今者赐书，复有"相与斟酌"之语。渭鄙见所到如此，遂敢一僭言之[一五]。

然渭之见，亦非若今世人止夫子以绝不著书也。姑以著书而言，亦正欲夫子涵泳其所谓活者虚者[一六]，而事迹已亡，典故无考，彼为臆说而我亦未尝身经者，则姑阙其疑耳。若谓恐臆说之足以惑天下，便以数语立断案而该之足矣[一七]，不烦一一自为一说也。诗书无口，冤直难明，惟夫子试少思而再示之，以开拓渭见之所未到。

吕公防海事宜，谨收览，其得主良慰[一八]。所谕赵事[一九]，诚有之，真可虑也。

入秋酷热，伏冀节劳寡思，加食多睡，千万千万。

《徐文长三集》卷十六，明万历二十八年商浚刻本

注释

〔一〕书教：写信教诲。

〔二〕《桑扈》：《诗经·小雅》中一首诗的篇名。

〔三〕函丈：语出《礼记·曲礼上》："若非饮食之客，则布席，席间函丈。"原意是指讲学者与听讲者的座席相距一丈。后因以"函丈"指讲学的座席，进而用为对前辈学者或老师的敬称。此指季本。

〔四〕面诲：当面教诲，与"书教"相对。

〔五〕文公：指朱熹（1130—1200），字元晦，又字仲晦，号晦庵、考亭，谥文，世称朱文公。南宋理学家，程朱理学集大成者，被后世尊称为朱子。著有《诗经》研究著作《诗集传》。

〔六〕冰解理顺：喻阐述准确清晰。

〔七〕体度（duó）：体会和揣测。发明：创造性地阐发。

〔八〕榜（péng）掠：拷打。考讯：刑拷审讯。

〔九〕与民更始：此指给赦免者机会，开启新生活。更始，重新开始。

〔一〇〕略：忽略。

〔一一〕深文巧诋：指罗织罪名，蓄意毁谤。《史记》卷一百二十《汲郑列传》："而刀笔吏专深文巧诋，陷人于罪。"深文，援引法律条文定罪名很苛刻。巧诋，用巧妙的手段攻击诋毁他人。

〔一二〕夫子：此指季本。

〔一三〕菽麦：豆与麦，代指极易识别的事物。

〔一四〕自分（fèn）：自料，自以为。

〔一五〕僭（jiàn）言：越分妄言，谦辞。

〔一六〕涵泳：深入体会。

〔一七〕该：同"赅"，完备。

〔一八〕吕公：吕本（1504—1587），字汝立，号南渠、期斋，浙江余姚人。嘉靖十一年（1532）进士，改庶吉士，授检讨。嘉靖十七年升南京国子监司，二十七年升南京国子监祭酒，二十八年升少詹事兼翰林学士，入阁参机务。二十九年升吏部右侍郎兼东阁大学士，三十年升礼部尚书，三十三年加太子太保兼文渊阁大学士，三十五年加少保兼武英殿大学士，三十六年晋阶光禄大夫，四十年以母丧去任。万历十五年（1587）卒，年八十四，赠太傅，谥文安。著有《期斋集》《四明先贤记》等。吕本倡修余姚江南城以御倭。后移居绍兴，今存"吕府十三厅"，为全国重点文物保护单位。得主：指受到皇帝宠信。

〔一九〕赵事：不详。或指赵文华（1503—1557）。赵为严嵩亲信，嘉靖三十三年（1554）任工部右侍郎，三十四年巡视东南防倭事宜。诬构总督直隶浙福右都御史张经，并劾浙江巡抚李天宠抗倭不力，二人被杀。又先后论罢总督周珫、杨宜、苏松巡抚曹邦辅等，"颠倒功罪，牵制兵机""贼寇愈炽"（《明史》卷三百八《赵文华传》）。三十五年升工部尚书加太子太保，以都察院右副都御史提督浙直军务。三十六年被革职。

点评

此篇与后一篇书信的内容，均是对季本正在写作的《诗说解颐》

一书的解诗方法提出不同见解。据季本《诗说解颐》自序，该书完成于嘉靖三十六年（1557），这两封信当写于嘉靖三十六年之前。

季本师从王阳明，其理学思想"贵主宰而恶自然"（黄宗羲《明儒学案》卷十三）。提出"龙惕说"，以龙喻心，龙警惕而主变化，主张学者惕然有警，强调个体自我主宰的重要性。在学术实践上，苦心穷经，反对空疏之学。徐渭对其师的学术评价是"精考索，务实践"（《徐文长三集》卷二十四《季先生祠堂碑》），同时能"破故出新"（《徐文长三集》卷二十五《先师彭山先生小传》）。《诗说解颐》一书正可体现季本的学术风格。该书旁征博引，"多出新意"，其不足之处在于"间伤穿凿"（《四库全书总目》卷十六"《诗说解颐》四十卷"条）。徐渭在这封信中，针对此书"穿凿"的缺点，提出自己的意见，即解经要"虚者活者"，对无从考证的事迹和典故，"姑阙其疑"。如果对难以确知的内容一定强为之说，或对前人不可取的见解一一辩驳，刻意追求成一家之说，难免有牵强附会、支离繁琐之弊。

如何委婉地指出老师著述的不足之处，需要技巧。徐渭首先拿朱熹做铺垫，指出像朱熹这样的大儒解经，都免不了有"生吞活剥"的弊端（言外之意，季本的论说有缺点也不足为奇），作为后人的我们不应重蹈覆辙。接着正面提出自己的观点：解经要以心体度，发明义理，碰到"事迹已亡""典故无考"的情况，不如"一切敕放"。又列举了一个反面例子：有人断章取义，略人全文，以售己说，可笑之极。徐渭举这个例子，难免有含沙射影之嫌。季本读到此处，很可能会感到极其不快，因为《诗说解颐》"不肯剽袭前人""征引该洽""语率有征"(《四库全书总目》卷十六《诗说解颐》四十卷"条),与徐渭所举例子中的"略人全文""深文巧诋"大相径庭。所以接下来徐渭马上夸赞季本"道明而意见归一,才敏而决断精果",决非自己列举的那类人。而自己是个"废人",之所以敢"僭言",是因为您虚怀若谷,虽然我是学生,但您愿意与我讨论,听取我的意见。通过这种方式,消解老师的不快。

徐渭与其师在治学方法上有所不同,这封信的措辞也有尖锐之处,但不能以此认为徐渭对季本不敬。相反,徐渭很敬重季本的为人和治学。其自著《畸谱》列"纪师"十五人,"师类"五人,仅季本两者兼及。他还后悔自己从师太晚,"廿七八岁始师事季先生,稍觉有进。前此空过二十年,悔无及矣"。季本去世后,徐渭时常感怀,作《季长沙公哀词》(《徐文长三集》卷六):"槐树宛低回,犹疑讲席开。死因双宿去,生为六经来。绕瑟飞春水,传灯暗夜台。三年更筑室,未了独居怀。"诗写得凄婉动人。因此,徐渭在此信中尖锐指出季本著作中的不足,只能理解为徐渭"吾爱吾师,吾更爱真理",在事实和学理上非常认真,在师生关系上也真诚坦率,很少伪饰和计较。

奉师季先生书之三

前日承夫子赐书之后,即有长启奉献付尊门,云待钱信去便,故尚未得达函丈〔一〕。其中有不尽者,则以《诗》之"兴"体起句,绝无意味,自古乐府亦已然〔二〕。乐府盖取民俗之谣,正与古国风一类〔三〕。今之南北东西虽殊方,而妇女儿童、耕夫舟子、塞曲征吟、市歌巷引,若所谓竹枝词〔四〕,无不皆然。此真天机自动,触物发声,以启其下段欲写之情,默会亦自有妙处,决不可以意义说者,不知夫子以为何如。

渭极欲恭诣函丈,以闻新解,兼得进其微愚,家事草草〔五〕,遂绊此行。俟函丈脱稿后〔六〕,或可得卒业也〔七〕。不一。

《徐文长三集》卷十六,明万历二十八年商浚刻本

注释

〔一〕函丈:见前《奉师季先生书之二》注〔三〕。

〔二〕古乐府:乐府本为汉代音乐官署名,负责采集民间歌谣或文人诗歌,后因将民间歌谣称为乐府。古乐府指汉

魏两晋南北朝的乐府诗，相对于唐以后的新乐府而言。

〔三〕古国风：《诗经》的《国风》部分，是周初至春秋间各诸侯国的民间诗歌。

〔四〕竹枝词：乐府近代曲名。本为巴渝一带民歌，唐代诗人刘禹锡改作新词，歌咏自然风光、民间习俗和男女恋情，此体遂盛行于世。其形式为七言绝句，语言通俗，音调轻快。

〔五〕草草：事多匆忙。

〔六〕脱稿：书稿完成。指季本正在撰写的《诗说解颐》。

〔七〕卒业：谓全部诵读完毕。

点评

此信的焦点是《诗说解颐》关于"兴"的理解。徐渭就《诗经》"兴"的艺术表现手法，提出不同于季本的见解。

"兴"是"先言他物，以引起所咏之词"（朱熹《诗集传》卷一）。季本在《诗说解颐》中，对凡是他认为运用了"兴"这一手法的句子，均在起兴之句末尾标注"兴也"，在"所咏之词"末尾标注"兴意"，然后就两者之间的关联性展开解释，着力挖掘《诗经》中的微言大义。而徐渭则认为"兴体起句，绝无意味"，没有必要求解那么多的意义，诗人不过是"天机自动，触物发声"，是自然的表现，并非刻意。

季本侧重于从理学家的角度阐述，而徐渭偏重于以文学家的眼光解释。理学家重点阐述诗歌中蕴含的深刻义理，有时候不免求之过深。文学家则强调诗歌创作随机感性的特点。大体而言，兴是随物起兴，所言之物与所咏之词多少有一定联系，有的联系紧密一些，有的联系稀疏一些。至于有无深意，要看每首诗的具体情况。

答龙溪师书〔一〕

颈联乃因今年中秋月盈而及往年中秋月蚀〔二〕,《淮南子》云蟹蛤视月之盛衰,从阴类也〔三〕。奏鼓,救月也。函丈疵其不整〔四〕,诚然。但少陵赐樱桃诗颈联有云〔五〕,"忆昨与沾门下省,退朝擎出大明宫"〔六〕,亦似此体。古评云,诗至李、杜、昌黎、子瞻而变始尽〔七〕,乃无意不可发,无物不可咏,正谓此也。彼以字眼绳者〔八〕,所得盖少矣,有意而不能发矣。某匍匐学步〔九〕,殊未到此〔一〇〕,然却是望其门墙〔一一〕,不敢苟且作不整也〔一二〕。冒妄之深〔一三〕,伏希函丈裁之。

《徐文长三集》卷十六,明万历二十八年商浚刻本

注释

〔一〕龙溪:王畿(1498—1583),字汝中,号龙溪,浙江山阴(今浙江绍兴)人。王阳明弟子,王门七派中浙中派创始人。嘉靖十一年(1532)进士,授南京兵部职方司主事,进南京武选司郎中,因得罪夏言,被斥为"伪学"而遭罢黜。

〔二〕颈联:指律诗的第三联,即第五、六两句。律诗

分为四联：首联、颔联、颈联和尾联。月盈：月满。月蚀：即月食。《易·丰》："日中则昃（zè），月盈则食。"

〔三〕蟹蛤视月之盛衰：螃蟹、蛤蜊随月亮的盈亏而变化。《淮南子·地形训》："蛤蟹珠龟，与月盛衰。"从阴类：太阳为阳，月亮为阴；螃蟹、蛤蜊为海水中之物，也属阴。古人认为它们之间有呼应关系。

〔四〕函丈：敬称，此指王畿。疵（cī）：本义瑕疵，此作动词用，意为挑剔，指责。

〔五〕少陵：杜甫，自号少陵野老。赐樱桃诗：杜甫有《野人送朱樱》诗。

〔六〕忆昨与沾门下省：原诗作"忆昨赐沾门下省"。

〔七〕李、杜、昌黎、子瞻：李白、杜甫、韩愈、苏轼。

〔八〕绳：约束。

〔九〕匍匐学步：比喻盲目效仿，以致失去自己原来的长处。此处指自己模仿李白、杜甫、韩愈、苏轼等人的诗歌。《庄子·秋水》："且子独不闻夫寿陵余子之学行于邯郸与？未得国能，又失其故行矣，直匍匐而归耳。今子不去，将忘子之故，失子之业。"

〔一〇〕殊：犹，尚。到此：指到"无意不可发，无物不可咏"的境界。

〔一一〕望其门墙：希望达到其高度和境界。《论语·子张》："夫子之墙数仞，不得其门而入，不见宗庙之美，百官之富。得其门者或寡矣。"

〔一二〕苟且：敷衍，马虎。

〔一三〕冒妄：冒昧不自量，自谦之辞。

点评

这是徐渭写给他的另一位老师王畿的信。徐渭《畸谱》"师类"将王畿置于第一列。王畿既是徐渭的老师，又是亲戚（两人父亲为姑表兄弟）。徐渭诗歌的风格有一个变化的过程，"渭之学为诗也，矜于昔而颇且放于今也"（《徐文长三集》卷二十《书草玄堂稿后》）。徐渭早年诗作风格矜持，比较遵守格律，讲究修辞；中年突破束缚，纵横奇特；晚年随意挥写，笔法颇放。这篇与下一篇《与季友》中的观点，接近其中年时期的看法。

王畿是王学左派的代表人物，心学思想比较有创新性，不知他的文学主张为何比较保守。从信中内容可知，王畿指出徐渭所作一诗的颈联对仗不工整，徐渭做出答复。徐渭以杜甫《野人送朱樱》颈联不工整为依据，指出诗歌表意的功能是主要的，不必为了个别字眼或格律要求而影响意思的表达，鲜明地提出"无意不可发，无物不可咏"的观点，这是针对当时文坛上流行的拟古倾向而发的，已启后来公安派"独抒性灵，不拘格套"主张之先声。

与季友〔一〕

韩愈、孟郊、卢仝、李贺诗〔二〕，近颇阅之。乃知李杜之外〔三〕，复有如此奇种，眼界始稍宽阔。不知近日学王孟人〔四〕，何故伎俩如此狭小〔五〕，在他面前说李杜不得，何况此四家耶，殊可怪叹。菽粟虽常嗜〔六〕，不信有却龙肝凤髓都不理耶〔七〕。

《徐文长三集》卷十六，明万历二十八年商浚刻本

注释

〔一〕季友：名字事迹不详。

〔二〕韩愈、孟郊、卢仝、李贺：中唐韩孟诗派的重要诗人，该派崇尚雄奇怪异之风。韩愈，字退之，世称韩昌黎、昌黎先生，古文运动倡导者。孟郊，字东野，有"诗囚"之称。卢仝，号玉川子，诗风奇诡，称"卢仝体"。李贺，字长吉，有"诗鬼"之称。

〔三〕李杜：李白、杜甫，盛唐著名诗人。李白，字太白，号青莲居士，被后人誉为"诗仙"。杜甫，字子美，自号少陵野老，被后人誉为"诗圣"。

〔四〕王孟：王维、孟浩然，盛唐著名山水诗人。王维，字摩诘，号摩诘居士，有"诗佛"之称。孟浩然，世称孟襄阳，

又称孟山人。

〔五〕伎俩:本领,技能,此指学诗的路径。

〔六〕菽(shū)粟:豆和小米,泛指粮食,比喻寻常却不可或缺之物。

〔七〕龙肝凤髓:比喻极难得的珍贵之物。

点评

此信表达了徐渭重要的诗学观念。自从元明以来,诗论家都推崇唐诗,又进而将唐诗分为初、盛、中、晚四个阶段,而以盛唐诗为正宗,对初、中、晚诗批评较多。明中叶前后七子也大力推崇盛唐诗,有部分诗人专门学盛唐诗中王维、孟浩然清雅淡远的田园诗一派,这样诗歌创作的路子就越来越窄,风格越来越单一。徐渭的见解超越这些观点之上,他也认为盛唐李白、杜甫等人的诗是最高典范,但诗歌风格应该多样化,学习创作诗歌的路径也应该多元化,应该允许多种诗歌风格并存。他认为,中唐韩愈、孟郊、卢仝、李贺等人的诗歌个性鲜明、风格独特,也值得肯定和学习。生活是丰富多彩的,诗人的禀赋个性也各不相同,因此诗歌创作的风格也应是千姿百态的,这样诗歌创作才会繁荣。徐渭的观点无疑是正确的。

徐渭到中年的诗作,有不少模仿中唐诗人如韩愈、李贺等人的诗歌,诗风变得诡奇纵横。如《吴使君马》(《徐文长三集》卷五)题下自注"戏效韩体";《阴风吹火篇呈钱刑部君附书》(《徐文长三集》卷五)诗序称"戏效李贺体";《涪澹滩》(《徐文长三集》卷四)用词奇崛坚硬,具有明显的韩诗风格。

拟上府书〔一〕时贼据高埠〔二〕

闻贼新来失路〔三〕，期速走脱境。宜委狡猾者一二人，若逃徙状，使其虏为乡导〔四〕，左其路〔五〕，而预伏选兵于阻隘以待，此上算也，今既已无及矣〔六〕。乃生昨至高埠，进舟贼所据之处，观览地形及察知人事，至熟且悉。

众以为，贼自海边经数百里来，入死地，无积食，利于速战，不利于持久。不知我兵暴烈日〔七〕，触炎气，食宿饭〔八〕，饮浊河，衣不解带，经六昼夜使舟，数日不决，强者必病，弱者必死，且尽卒而萃于一处，使他贼至或相应，更何以支？由此言之，则吾兵亦利速战，不利持久也。

众又以为，贼据高楼，阻林木，既逸且险〔九〕，民徙者大家仓卒，宜必遗数十石之积，使再持数日，则我兵自因而瓦解，利于持久，不利于速战。不知我兵入战则阻林木，涉污田，可以往，难以返，又法令素弛，强者争退，弱者毙逐。由此言之，则我兵亦利持久，不利速战也。

夫共有其害者，则必共有其利。故不欲速战则已，苟欲制速战之利[一〇],生昨观东北二面,阻水甚阔,虽南面稍狭,而三面水陆之兵分布既密,警戒亦严。独西南水甚狭,可徒涉,而夹岸之林循水而隘,且以岸西之田一望不尽,田外之水又复阔甚。我兵恃此不备,而贼据高窥视,遂亦无心于西。试能乘夜遣壮士三十人,衔枚[一一],彻首足裹绿衣[一二],混草木色,匍匐出深苗,渡狭水,伏西林中。却遣壮士三十人,从南渡与战,佯走而伏发。东北二面,亦各三十人,鼓噪继进,彼如空楼而逐,北军入据其楼,东军横断其归,佯走者转戈北向,三夹而击,蔑不济矣[一三]。此之谓速战之利。

故不欲持久则已,苟欲制持久之利,生昨观坟原之木蔽野,斩其干以构架,取其叶以为盖,四分千人,每一分舟巡,则息三分。其中舟巡与息者各制四面吹号,约某面有警,则某面棹击[一四],不必驰白中军,徒增劳缓。而洁食清汲,除秽给饵。吾千人之名既章,即使他贼至,密撤半以往,亦无不可。至其西方阔远,不烦兵守,亦宜遮蔽数十空舟,若凉厂然[一五],而使一二人乘单舸,循岸匿以上下,动旗鼓以疑其心。不越数日,贼必饥疲偷渡,让使中流邀而击之,亦蔑不济矣。此之谓持久之利。

由前而言,则兵法所谓"攻其无备,出其不意"是也〔一六〕。由后而言，则兵法所谓"先为不可胜，以待敌之可胜"是也〔一七〕。此之谓两利，不然，必有两害。惟明公其裁之。

《徐文长三集》卷十六，明万历二十八年商浚刻本

注释

〔一〕府：指时任绍兴府知府刘锡，字德纯，号钝庵，广平府鸡泽（今属河北）人。嘉靖二十六年（1547）进士，授庶吉士，寻擢御史，巡按山东。三十三年出为绍兴府知府。因忤赵文华，戍边。隆庆改元复原职，闲住。

〔二〕高埠：在绍兴府会稽县东二十里，又作皋埠、皋部。

〔三〕失路：迷失道路。

〔四〕乡导：向导，带路的人。乡，通"向"。

〔五〕左其路：带偏路。左，斜，偏，差错。

〔六〕无及：来不及。

〔七〕暴：同"曝"，晒。

〔八〕宿饭：隔夜饭。

〔九〕逸：安闲，轻松。

〔一〇〕制：掌握。

〔一一〕衔枚：古代行军时横衔枚（形状如筷子）于口中，以防出声。

〔一二〕彻首足：从头到脚。

〔一三〕蔑不济：没有不成功的。蔑，没有。

〔一四〕棹击：驾船进击。

〔一五〕凉厂：凉棚。

〔一六〕攻其无备，出其不意：在敌人没有准备时发动攻击，在敌人意想不到时采取行动。出自《孙子兵法·计篇》。

〔一七〕先为不可胜，以待敌之可胜：首先造成己方不可能取胜、敌方一定可以取胜的假象，然后诱惑敌人出兵，露出破绽，落入我方设计的陷阱，我方再发动进攻以胜之。出自《孙子兵法·形篇》。

点评

这是徐渭写给绍兴知府刘锡献计抗倭的一封书信。题下自注"时贼据高埠"，据夏燮《明通鉴》卷六十一："（嘉靖三十四年）六月庚午，倭犯浙东。自上虞爵溪所登岸，犯会稽之高埠，夺民楼房踞之。知府刘锡、千户徐子懿等分兵围守。"可知此信作于嘉靖三十四年（1555）六月，时徐渭三十五岁。

嘉靖二十五年（1546）以来，倭寇侵犯浙东，至今已有九年。徐渭十分关心战局，早有抗倭之志。此时战争打到邻县（会稽县）的高埠，他出入战地，"短衣混战士舟中观形势"，然后写了这封信，"策战守二事"（《徐文长三集》卷十九《陶宅战归序》），详述速战和持久战两种战略要采取的不同战术。

徐渭家世军籍，颇知兵，袁宏道《徐文长传》说："文长自负才略，好奇计，谈兵多中。"历来文人中也有不少人号称知兵，但多谈论一些一般性的战略原则，徐渭则不是纸上谈兵，而是能亲临前线，观察地形，把握敌我双方心理，制定具体细致、切实可行的战术。信中对敌我双方的情况了如指掌，对双方速战、缓战的利弊分析透彻，对如何用兵提出了非常具体的筹划，具可行性。文章层次清晰，条理分明。

徐渭并没有将此信送交知府刘锡。在第二年为会稽县尉吴成器作的《陶宅战归序》一文中，徐渭提及没有将信送出的原因，"草既具，复投诸匣中，叹曰：儒哉儒哉，独无耳目人耶"。因为觉得自己的建议不会受到重视，才没有呈上此书。此次以绍兴知府刘锡为首指挥的抗倭之战并没能歼灭倭寇，倭寇自高埠逃到蛏浦（绍兴府东北四十五里，今上虞区蛏浦村），家居御史钱鲸被杀。知府刘锡因而被逮至京。因刘锡个性"亢傲不达"，为严嵩亲信、时任工部侍郎巡视东南防倭事宜的赵文华所憎恶。赵文华于是借此事奏刘锡犯"媚功纵寇"罪，刘锡被发配到边远充军（王士骐《皇明驭倭录》卷六）。

读这封书信，我们一方面不得不对徐渭的军事才能极为佩服，另一方面也为如此出色的建议被闲置感到惋惜。正如徐渭《陶宅战归序》中所论："嗟夫，世独忧无善言耳，然或有言而不能用，或能用而不察言之是非。大抵能言者多在下，不能察而用者多在上，在上者冒虚位，在下者无实权，此事之所以日敝也。"古往今来，有多少杰出的人才被埋没，又有多少高明的建议不被采纳，令人感慨系之。

拟上督府书〔一〕

生伏计岑港之役〔二〕，诸将吏已竭其心力，而不可为矣。明公不于此时，以一身独当其任，而亟收其成功，将何待耶？欲亟收其成功，则其他制作器械，易将益兵〔三〕，清野坐困〔四〕，占候祈禳〔五〕，与凡一切纷纷之说，皆枝叶也。而其根本，莫先于治兵。

世之言治兵者，莫不曰明赏罚。夫赏易为者也，生请言罚之难。割耳斩首，能施于结营列阵之先，而不能禁于锋交众溃之际。何者？势重而不可回也。势重而不可回，以纪乱而未尝辨也。故凡善用兵者，必务明其部伍。五人为伍，五伍为队，四队为百，莫不有长，而长皆得相罚斩，以次而至于伍，则是凡诸长之所督者，皆不过四人与五人也。故百人趋战，法当用二十五人横刀分督之；至于锋交乘胜，则此二十五人者，又皆为战士矣。以一人而制四人，则寡而易辨；以四人而听一人之制，则知其易辨而不敢干。推而至于十万亿兆，莫不皆然。正如身之使臂，臂之使指，孙子所谓"治众如治寡"〔六〕，韩信所谓"多多益善"〔七〕，皆此道也。古之善将者，莫不遵之。其在于今，尤为用罚者对病之要药。

　　生愚以为，今日治兵，宜一以此法为主。然后募选勇敢之士，可二千人，练习其法三日。乃召至精熟岑港地形及贼中情状者数人，令其聚沙成象〔八〕，指示险夷远近，营栅门户，凡虚而可攻，间而可伏，弛而可袭，与贼之每先伏以待、据高以望及败而必走之路，劳逸寝兴〔九〕、饥饱警惰、昏晓可乘之期。至如人言当用诸将旧兵，委以饵贼而击其追奔，似亦一算。则又当并计其饵而出或饵而不出，奔而追或奔而不追，追而远或追而不远之状，彼短我长，无不曲尽，乃始制为趋避、进止、分合、奇正之规。与是二千人复假三日之期，互为讲明教练，如出一人，大约仿习战昆明之意〔一〇〕。然后下令诸将之在岑港者，刻期复举，而明公身督二千人，分行万金之赏，计诸将未举之先，可半日骤至其地，亲执桴鼓〔一一〕，坐于悬山之巅而分布攻击，一如前所讲练之法，则一食之顷〔一二〕，必十获其三，再食之顷，必十获其七，所余者仅三耳，而明公遂已凯旋明越之间〔一三〕，不逾两日而有司者已报班师矣。

　　此非生愚之漫言也，盖闻此贼每于我兵临栅之时，辄用发杠、鸟铳以走之〔一四〕，然后出而追奔，或敛而自拒。夫发杠、鸟铳，夙药者发速，而旋药者发迟[一五]，使能预定一军，分诸道急趋其迟，则彼且无所措手足矣。而当事者每每狃于始败[一六]，坐失此机而不之讲。今与二千人所讲练者，乘胜之会，诚非一端，明暗之几，亦非一定，且必有用计以碎之而不纯以力者。如不得已而出于力争，则如人言，用诸将之兵以为饵而击其追奔，其或奔而未必追也，则乘其旋药之候而急趋其隙，亦宜无不破之坚矣。但贼出而追，必不空巢，敛而拒，亦且格斗，故胜则胜矣，而曰十获其三者，此也。然其事成于呼吸，缓则不能，故曰一食之顷者，此也。巢倾众溃，遇伏辄覆，为力益易矣，故曰十获其七者，此也。然其势相继而至，故曰再食之顷者，此也。其他匿山伏涧，所余几何，而又不可猝得，无劳明公之坐待也，余兵分入，掇烬收残，故曰凯旋明越之间，不越两日而有司已报班师者，此也。

虽然，此则其大概矣，至于选兵惟务精严，其他旧兵不可用之说，不必泥也。练习战事，计有三：曰禁海关不可使出一舟也；分为伏兵者，宜彻头足裹绿衣[一七]，混草木色，惟窍耳目使见闻，而衔枚夜匿[一八]，不使有声及动摇草木也；其置诸长，则稍阅伍中队中之隽者而授之也，诸长不用官人，使易施法也。伍若队，凡属其长所领者，必问其无仇嫌而后可，恐长报怨而众蓄疑也。

近日用兵之病，在有合而无分。今兵入巢者与伏者，宜多分其道，且使贼无所不备则无所不寡也，无所不遇则无所不败也。默与二千人约，杀贼不必斩首，他兵以首来献者，默夺于籍以与之，使得一意乘势，无以首妨功也。用诸将之兵以为饵，勿告以故，告则益偷而不成饵也〔一九〕。始用万金劳其行耳，至于赏格恤典〔二〇〕，分别等差，悉宜从重，然后罚斩可得而施也。

然许诸长以互相罚斩，人必谓其太严，又必谓其无官职而杀人，不可。今贼杀我兵，不可胜纪，犯诸长之法而取以徇者〔二一〕，必不如前所溃散者之多也，而遂为无敌之兵，永收万全之利，不犹愈于骈死于贼人之手〔二二〕，而徼幸于屡北之间乎？刽伍亦贱民耳〔二三〕，一奉军令，则虽加刃于尊贵之颈而不之顾；长无官职而杀人，又何为不可乎？夫转败以为功，奋怯以为勇，非因循务自全者之所能为也。其道惟在于振其气，而舍其所爱。振气莫要于选兵，明部伍；舍所爱莫要于以一身独当其任而不疑。此田单有激于仲连之言，而下三月不克之狄于一朝也〔二四〕。不然，则虽益兵百万，聚粮千仓，相守更时，使黄帝操戈，巫咸占候[二五]，班输制器[二六]，而亦无益于用，即使幸而成功，要亦不可以再试者也。

生叨奉管毫[二七]，辱下客[二八]，愧古国士之流，虚书记之室[二九]。至如今兹所陈，使幸而采之，则有冒功叨进之疑；不采之，则有被弃取羞之笑。而生之志，则固不在是也。生生平颇阅兵法，粗识大意，而究心时事，则其愚性之使然，亦遂忘其才之不逮。如往岁柯亭、高埠诸凡之役[三〇]，尝身匿兵中，环舟贼垒，度地形为方略，设以身处其地，而默试其经营，笔之于书者，亦且数篇。使其有心于时，纵无实用，即如赵括之空谈[三一]，亦谁为禁之者？而深自敛抑，未尝有一言以闻于人。今奉侍明公之车尘，亦既有日矣，而未尝敢以一言冒进诸将吏，或过客满座，议论云兴，生亦窃听之而已。其自处如此，亦可以知其为人矣。惟明公垂览，而少加择焉，东南幸甚。

《徐文长三集》卷十六，明万历二十八年商浚刻本

注释

〔一〕督府：胡宗宪（1512—1565），字汝贞，号梅林，徽州府绩溪（今属安徽）人。明朝抗倭名将。嘉靖十七年（1538）进士，历任益都、余姚知县，擢御史，巡按宣府、大

同。三十三年出任浙江巡按御史，三十四年升右佥都御史，三十五年升右都御史兼兵部右侍郎，三十九年升兵部尚书，加太子太保，四十年加少保。四十一年以言官论劾被逮削籍，四十四年死于狱中。万历初，追复原官，谥襄懋。《明史》卷二百五有传。

〔二〕岑港：位于浙江宁波府定海县西北，今浙江舟山市舟山岛西海岸之岑港镇。

〔三〕易将益兵：调换将领，增加兵力。

〔四〕清野坐困：清除战区附近的房屋、树木，转移人口、重要物资等，让入侵的敌人掠夺不到东西，从而使其困顿。

〔五〕占候：根据天象变化预测吉凶祸福。祈禳：祈求福祥，祛除灾变。

〔六〕治众如治寡：《孙子·兵势》："凡治众如治寡，分数是也。"意思是，治理人数众多的军队，就像治理人数少的军队一样，关键是组织编制、化大为小管理的方法。

〔七〕多多益善：《史记》卷九十二《淮阴侯列传》："上问曰：如我能将几何？信曰：陛下不过能将十万。上曰：于君何如？曰：臣多多而益善耳。"

〔八〕聚沙成象：聚沙成堆，模拟战地地形地貌。

〔九〕寝兴：作息。

〔一〇〕习战昆明：汉武帝为征古滇国（今云南地区），仿照滇池在长安西南开凿昆明池，以演习水战。

〔一一〕桴（fú）鼓：鼓槌与鼓。

〔一二〕一食之顷：一顿饭的时间。

〔一三〕明越：宁波和绍兴。今宁波唐代为明州，绍兴唐代为越州。

〔一四〕发杠：一种火器。鸟铳（chòng）：一种火枪。

〔一五〕夙药：提前上好火药。旋药：临时上火药。

〔一六〕狃（niǔ）：习以为常而掉以轻心。

〔一七〕彻头足：从头到脚。

〔一八〕衔枚：见前《拟上府书》注〔一一〕。

〔一九〕偷：轻视。

〔二〇〕赏格：悬赏所定的报酬条件。恤典：人死后予以抚恤的有关规定。

〔二一〕徇（xùn）：示众。

〔二二〕骈死：一并被杀。

〔二三〕刽伍：刽子手之辈。

〔二四〕田单有激于仲连之言：战国时齐国田单攻打狄人，三个月没有攻克，向鲁仲连求教。仲连责备他有纵情享乐之意，无浴血奋战之心。于是田单亲冒矢石，勉励士气，攻克了狄人。

〔二五〕巫咸：传说中用筮占卜的创始者。一说为黄帝时人，一说为帝尧时人，一说为殷中宗时人。

〔二六〕班输：春秋时鲁国巧匠鲁班，姓公输名班。一说班指鲁班，输指公输般，"班输"为两人的合称。

〔二七〕管毫：指笔，亦指执笔之人。

〔二八〕辱下客：承蒙以下客对待。辱，谦辞，表示承蒙。

下客,下等宾客。

〔二九〕书记:官府中掌管公文、书信的官吏。以上两句是说,胡宗宪虚位以待,召自己为书记,而自己无古国士之才以副之。

〔三〇〕柯亭:在绍兴府山阴县西北四十里。高埠:见前《拟上府书》注〔二〕。

〔三一〕赵括:战国时赵将,好空谈兵法,不会指挥作战。长平战役中,兵败身死。

点评

胡宗宪于嘉靖三十四年(1555)由赵文华推荐,升右佥都御史巡抚浙江。他在浙江的抗倭虽有进展,但形势仍不容乐观。嘉靖三十五年八月,胡宗宪用计诛杀海寇徐海。徐海死后,汪直纠集三千余人盘踞宁波岑港。三十六年十一月,胡宗宪诱杀汪直。汪直死后,毛海峰等余寇"例栅舟山,阻岑港而守"。三十七年七月,"以浙江岑港海寇未平,诏夺总兵俞大猷、参将戚继光、把总刘英职级,期一月内荡平。如过限无功,各逮系至京问。……令侍郎胡宗宪督之剿贼,若失事者,连坐"(《明世宗实录》卷四百六十一)。岑港的倭寇久攻不下。在这种情况下,年初刚入胡幕做幕僚的徐渭写了这封信,向胡宗宪献计夺取宁波岑港。

徐渭的《拟上府书》主要讲两军交战时的战术问题,这封信则主要谈军队的分级管理、练兵、指挥、赏罚等方面的问题。徐渭认为军队的分级管理，上一级与下一级之间，采用一比五的比例，这样上一级管理者的管理范围比较明确集中，管理效率最佳。这符合古代以至近现代军队分级管理的规律。关于赏罚问题，徐渭认为赏罚是治兵的关键，要严格赏罚，重赏重罚。这样弱兵可以变成强兵，大大提升战斗力。俗话说重赏之下必有勇夫，慈不掌兵。这些见解，无疑都是合理的。徐渭还指出，每伍的组成，都要调查其成员间关系是否融洽，有没有仇恨，这又与现代军队管理中注重思想工作、心理疏导的办法相通。徐渭对军队管理的分析和建议洞悉人情，非常具体，具有可操作性，由此亦可见徐渭号称知兵确非虚言。

可惜的是，与上一篇《拟上府书》没有交到知府手上一样，此封信也没有送交给胡宗宪。因为徐渭有所顾虑，如他在信末所说，如被采纳，会被人认为是急于表现；不被采纳，又被人取笑。好的建议因为复杂的人际关系而被埋没，世事往往如此。

又启三首之一[一]

委身当任[二],始知时事之难;袖手旁观,何怪人言之易。孰原销骨[三],自分捐骸[四],仰赖相公[五],上下调停,始终爱惜。廷平参互[六],既从披雾之风[七];宸断精明[八],果仗回天之力[九]。枯林再菀[一〇],涸辙重流[一一]。且凡人有疾痛痒疴,必求免于天地父母[一二],然天地能覆载之[一三],而不能起于颠挤[一四],父母欲保全之,而未必如斯委曲[一五]。

伏惟兼德[一六],无可并名[一七]。名且不能,报何为计[一八]?惟知咎虽既往,尚立岩墙[一九];事幸可图,勉循末路[二〇]。誓将收桑榆之效[二一],以毋贻桃李之羞[二二]。一雪此言[二三],庶酬雅志[二四]。寸肠结恋,尽一日而九回[二五];中夜再兴[二六],望三台而百拜[二七]。

《徐文长三集》卷十五,明万历二十八年商浚刻本

注释

〔一〕这是代胡宗宪草拟的给严嵩的感谢信。严嵩(1480—1567),字惟中,号介溪,江西分宜人。弘治十八年

（1505）进士，改庶吉士，授编修。嘉靖四年（1525）升国子监祭酒，七年升礼部右侍郎，十五年升礼部尚书兼翰林学士。二十一年拜武英殿大学士，入直文渊阁。后任首辅，一味迎合嘉靖皇帝，招权纳贿。四十一年被罢相。四十四年被削籍抄家。隆庆元年（1567）卒。著有《钤山堂集》等。《明史》卷三百八有传。

〔二〕委身当任：身居其位，担当大任，与"袖手旁观"相对。

〔三〕孰原销骨：谁去推究那些致人毁灭的毁谤呢？原，推究。销骨，形容毁谤之言害人之烈。《史记》卷七十《张仪列传》："积羽沉舟，群轻折轴，众口铄金，积毁销骨。"

〔四〕自分：自料。捐骸：捐躯。

〔五〕相公：对宰相的敬称，此处指严嵩。

〔六〕廷平参互：朝廷中负责弹劾的科、道及其他有关部门的官员意见不一，相互参杂。廷平，汉代廷尉属官有廷尉平。

〔七〕披雾：拨开云雾，得见青天，比喻澄清真相。

〔八〕宸断：皇帝的裁断。宸，北极星所在，借指帝王所居，又引申为帝王的代称。

〔九〕回天之力：此指严嵩的"调停"之力。

〔一〇〕菀（yù）：通"郁"，草木茂盛的样子。《诗经·大雅·桑柔》："菀彼桑柔，其下侯旬。"《诗经·小雅·正月》："瞻彼阪田，有菀其特。"

〔一一〕枯林再菀，涸辙重流：比喻严嵩对胡宗宪有再造之恩。涸辙，原指干涸的车辙沟，后喻穷困的境地。语出《庄子·外物》："周昨来，有中道而呼者。周顾视车辙中，有鲋鱼焉。周问之曰：'鲋鱼来！子何为者邪？'对曰：'我，东海之波臣也。君岂有斗升之水而活我哉？'周曰：'诺。我且南游吴越之王，激西江之水而迎子，可乎？'鲋鱼忿然作色曰：'吾失我常与，我无所处。吾得斗升之水然活耳，君乃言此，曾不如早索我于枯鱼之肆！'"

〔一二〕人有疾痛痒疴（kē），必求免于天地父母：《史记》卷八十四《屈原贾生列传》："夫天者，人之始也；父母者，人之本也。人穷则反本，故劳苦倦极，未尝不呼天也，疾痛惨怛，未尝不呼父母也。"

〔一三〕覆载：覆盖与承载。《荀子·王制》："故天之所覆，地之所载，莫不尽其美，致其用。"

〔一四〕颠挤：坠落，倒仆。

〔一五〕委曲：细微，周到。

〔一六〕兼德：同时兼具多种美德。刘劭《人物志·九征第一》："是故兼德而至，谓之中庸。中庸也者，圣人之目也。"

〔一七〕无可并名：没有什么能与此相提并论。

〔一八〕名且不能，报何为计：不知道如何称颂这种美德，更不知道如何报答。

〔一九〕咎虽既往，尚立岩墙：过错虽然已经过去了，但仍处在危险的境地。岩墙，高而危险的墙，借指危险之地。

《孟子·尽心上》:"是故知命者不立乎岩墙之下。"

〔二〇〕事幸可图,勉循末路:抗倭一事尚可为,将努力走完接下来的路程。末路,最后路程。《战国策·秦策五》:"诗云,行百里者半于九十,此言末路之难。"

〔二一〕桑榆:日暮时,太阳的余光照在桑榆树端,因以指日暮。《后汉书》卷十七《冯异传》:"始虽垂翅回溪,终能奋翼黾池,可谓失之东隅,收之桑榆。"此句的意思是,自己今后加倍努力,有所成就,以弥补之前的过失。

〔二二〕毋:不。贻:留下。桃李之羞:指因未能报答严嵩的恩德而感到羞惭。《诗经·大雅·抑》:"投我以桃,报之以李。"《诗经·卫风·木瓜》:"投我以木桃,报之以琼瑶。匪报也,永以为好也。投我以木李,报之以琼玖。匪报也,永以为好也。"

〔二三〕雪:澄清。此言:指朝廷中对胡宗宪的弹劾。

〔二四〕庶:或许。酬:实现。雅志:平素的志愿。以上两句是说,澄清朝廷中对我的弹劾,或许可以实现我平素的志愿。

〔二五〕"寸肠"两句:形容依恋之情至深,往复于心肠,一日九回。司马迁《报任少卿书》:"是以肠一日而九回,居则忽忽若有所亡,出则不知其所往。"

〔二六〕中夜再兴:夜里起来两次。

〔二七〕三台:三公的别称。明代三公指太师、太傅、太保。严嵩时为内阁首辅,故称。

点评

嘉靖三十七年(1558)十月，宁波岑港的倭寇转移到柯梅，总督胡宗宪屡次带兵征讨都不能攻克。于是南京御史李瑚参劾胡宗宪私诱汪直启衅，巡按浙江御史王本固、南京给事刘尧诲也弹劾胡宗宪纵寇滥叨功赏。胡宗宪上书自辩请辞，嘉靖帝不允，好言挽留（见《明世宗实录》卷四百六十五）。在胡宗宪被劾一事中，内阁大臣严嵩、徐阶、李（吕）本都曾为胡宗宪说话，《又启三首》是徐渭代胡宗宪写给上述三位辅臣的感谢信。此书为第一通，感谢严嵩出力"调停"。

就个人感情而言，徐渭对严嵩是非常痛恨的。在写此信的前一年（嘉靖三十六年）九月，徐渭的同乡锦衣卫经历沈炼因得罪严嵩被杀。沈炼是徐渭的同乡，两人都是"越中十子"的成员。徐渭将沈炼视为知己，在《畸谱》"纪知"一栏中，记录沈炼对徐渭的评价："关起城门，只有这一个。"徐渭在《与诸士友祭沈君文》《徐文长逸稿》卷二十三）、《知清丰沈公祠碑》、《赠光禄寺少卿沈公传》（《徐文长三集》卷二十四、卷二十五）等文中，都表达了对沈炼被害的愤懑和痛惜。但因胡宗宪要依托严嵩，徐渭代胡宗宪写谢启，为取得效果，免不了极力阿谀，因此为人诟病。《四库全书总目·徐文长集》提要特地拈出此信中的"凡人有疾痛痒疴，必求免于天地父母，然天地能覆载之，而不能起于颠挤，父母欲保全之，而未必如斯委曲"几句，云："虽身居幕府，指纵惟人，然使申谢朝廷，更作何语？录之于集，岂止白圭之玷乎！"因此这几句话广为人知。徐渭也预料到这么写会给自己带来后患,他以时势使然、不得不然自辩:"昌黎为时宰作《贺白龟表》,词近谄附,及《谏佛骨》则直,处地然耳。"(《徐文长三集》卷十九《抄小集自序》)

代贺严公生日启〔一〕时年八十，正月望后生日〔二〕

门弧县月〔三〕，俨依赐胜之图〔四〕；卮酒流霞，满逗传柑之液〔五〕。年年此节，在在回阳〔六〕。伏念某官〔七〕，河岳储精〔八〕，凤麟协瑞〔九〕。生缘吉梦〔一〇〕，盛传孔、释之征〔一一〕；出遇明时〔一二〕，绰有皋、夔之望〔一三〕。历几迁而入相〔一四〕，同一敬以格天〔一五〕。四海具瞻，万邦为宪〔一六〕。恭惟华诞，爰属首春。八衮初跻〔一七〕，同尚父遇君之日〔一八〕；一年以长，多潞公结社之时〔一九〕。冀荚征舒〔二〇〕，已含元气〔二一〕；支干更始〔二二〕，载历二旬。兼齿德爵而全之〔二三〕，天为独厚；积岁月时而值此，人所希逢。某夙侍讲筵〔二四〕，幸承余教。自叨节镇〔二五〕，几动浮言〔二六〕，曲荷保全，尚充任使。知我比于生我〔二七〕，益征古语之非虚〔二八〕；感恩图以报恩，其奈昊天之罔极〔二九〕。遥思旭旦〔三〇〕，宾从如流；白阳修途〔三一〕，心摇若旆〔三二〕。是用致水土之薄物，敢窃比于珍从〔三三〕；述功德以片词，不自知其芜陋。托之百拜，驰以寸衷。伏愿保固台严〔三四〕，膺绥福履〔三五〕。年高德劭〔三六〕，永调伊、傅之盐梅〔三七〕；主圣臣贤，远迈乔、松之呼吸〔三八〕。就车舆以应召〔三九〕,赐几杖而乞言〔四〇〕。寿考百年,讵止武公之睿圣〔四一〕;弼亮四世〔四二〕,永作康王之父师〔四三〕。

《徐文长三集》卷十五,明万历二十八年商浚刻本

注释

〔一〕严公:严嵩,见前《又启三首之一》注〔一〕。

〔二〕正月望后生日:严嵩生日在正月二十二日。望,农历每月十五日。

〔三〕门弧县月:意思是严嵩生日那天,月亮高悬,从门框中照进来。门弧,门框。县,通"悬"。

〔四〕赐胜之图:胜,头上的饰物。正月十五为天官诞辰,天官于此日下凡赐福,家家户户都在厅堂悬挂"天官赐福"轴图。图中天官头上有五只蝙蝠("蝠"谐"福")环绕,故称为赐胜之图。

〔五〕逗:引。传柑之液:指宴会上的美酒。传柑,北宋正月十五夜宫中宴近臣,贵戚宫人以黄柑相赠,谓之"传柑"。

〔六〕回阳:此指严嵩生日正月二十二前后,春天的暖意重回大地。

〔七〕某官:指严嵩。

〔八〕河岳储精:山河的精华荟萃聚到他的身上。

〔九〕凤麟：凤凰和麒麟，比喻有圣德的人。《庄子·人间世》："孔子适楚，楚狂接舆游其门曰：'凤兮凤兮，何如德之衰也！'"《管子·封禅》："今凤凰麒麟不来，嘉谷不生。"协瑞：汇合而成的祥瑞。

〔一〇〕生缘吉梦：出生前其母做了一个吉祥的梦。

〔一一〕孔、释之征：孔子和释迦牟尼出生前，其母都做了吉祥的梦。征，预兆。

〔一二〕明时：圣明的时代。

〔一三〕绰（chuò）：绰绰有余。皋、夔：皋陶和夔。皋陶，相传是舜的臣，掌刑法。夔，相传为尧、舜时的乐官。后以"皋夔"指贤臣。望：声望。

〔一四〕历几迁而入相：指严嵩经过多次升迁，得以进入内阁为辅臣。

〔一五〕一敬：始终如一，保持诚敬。格天：感通上天。《尚书·君奭》："在昔成汤既受命，时则有若伊尹，格于皇天。"后世因往往用"一德格天"称颂宰辅忠于君王。宋高宗曾为秦桧题"一德格天之阁"匾额。曹勋奉承秦桧的《政府生日四首》诗有句云"一德格天瞻相业，密云不雨协郊禋"。因秦桧名声不好，此后少有人再用这个说法奉承宰辅。徐渭肯定知道这一点，他仍用这个典故，或许暗含讽刺严嵩似秦桧之意。为了掩饰，他又故意改"德"字为"敬"字。

〔一六〕宪：法令，准则。

〔一七〕袠（zhì）：通"秩"，十年。跻（jī）：登。

〔一八〕尚父：姜子牙，名尚，商末周初人。姜子牙八十岁得遇周文王，故云"同尚父遇君之日"。

〔一九〕潞公：文彦博（1006—1097），北宋元老重臣，历仕仁、英、神、哲四朝，出将入相五十年，封潞国公。文彦博留守西都洛阳时，会集年龄大、德行高尚的士大夫十余人，赋诗饮酒取乐，谓之"洛阳耆英会"。参会者中年龄最大的富弼七十九岁。这里是说严嵩比耆英会中最年长者还大一岁。

〔二〇〕蓂荚：古代传说中的瑞草。每月初一至十五，每日结一荚；十六至月终，每日落一荚。所以从荚数多少可以知道是何日，又名"历荚"。征：表露。舒：舒展。

〔二一〕元气：阳气。

〔二二〕支干：天干地支，以十干和十二支循环相配，用来表示年、月、日、时的次序。更始：重新开始。

〔二三〕齿德爵：年纪、德行、爵位。

〔二四〕夙侍讲筵：意谓胡宗宪从前曾听过严嵩讲学。讲筵，讲席。

〔二五〕叨：谦辞，此谓自己本不胜任而侥幸担任。节镇：总督，古代高级军事长官镇守某地，往往带"使持节"的头衔，意谓持有代表皇帝旨意的符节。

〔二六〕浮言：指嘉靖三十七年（1558）十月，南京御史李瑚参劾胡宗宪私诱汪直启衅，巡按浙江御史王本固、南京给事刘尧诲也劾胡宗宪纵寇滥叨功赏。

〔二七〕知我比于生我：用管仲"生我者父母，知我者鲍子也"语意，见《史记》卷六十二《管晏列传》。

〔二八〕征：证明。

〔二九〕昊天之罔极：原指天空广大无边，后比喻父母的恩德极大。语出《诗经·小雅·蓼莪》："父兮生我，母兮鞠我。拊我畜我，长我育我。顾我复我，出入腹我。欲报之德，昊天罔极。"

〔三〇〕旭旦：日出时。

〔三一〕修途：长途。修，长。

〔三二〕心摇若旆：意谓内心不安。旆（pèi），古代旌旗末端形似燕尾的下垂饰物。

〔三三〕珍从：携带珍美食品探望老人。《礼记·王制》："五十杖于家，六十杖于乡，七十杖于国，八十杖于朝。九十者，天子欲有问焉，则就其室以珍从。"

〔三四〕台严：称呼对方的敬辞。

〔三五〕膺绥：承受，享用。福履：福禄。

〔三六〕年高德劭（shào）：年岁高，德望随之而高。语出扬雄《法言·孝至篇》："年弥高而德弥劭。"

〔三七〕调伊、傅之盐梅：比喻掌握施政的尺度和平衡，治理国家。伊、傅，指伊尹、傅说（yuè），二人均为商代的贤相。盐梅，盐和梅子，盐味咸，梅味酸，均为调味所需。《尚书·说命下》："若作和羹，尔惟盐梅。"

〔三八〕远迈乔、松之呼吸：意谓比王子乔、赤松子更长寿。乔、松，指王子乔、赤松子，二人均为传说中的仙人。呼吸，相传仙人均餐风吸露。

〔三九〕就车舆以应召：东汉末年，王祥在庐江避乱，隐居三十多年，不受州郡的征召。魏文帝时，徐州刺史吕虔召王祥任徐州别驾，他坚辞不受，经弟弟王览劝说，并为他准备了牛车，他才应召。见《晋书》卷三十三《王祥传》。

〔四〇〕赐几杖而乞言：曹髦即位后，封王祥为万岁亭侯。曹髦到太学巡查时，任命王祥为三老。王祥以师长的身份面向南坐，凭着几案，扶着手杖。曹髦面向北坐，向王祥询问治国之道。见《晋书》卷三十三《王祥传》。

〔四一〕讵（jù）：岂，怎。武公：卫武公姬和（约前852—前758），西周末卫国第十一位国君，因率军协助周平王平息犬戎叛乱，并辅佐周平王东迁洛邑，被晋封为公。在位五十五年，终年九十五，去世后被称为睿圣武公。

〔四二〕弼亮四世：周朝的毕公辅佐文、武、成、康，四世为公卿。《尚书·毕命》："惟公懋德，克勤小物，弼亮四世，正色率下，罔不祗师言。"弼亮，辅佐。

〔四三〕康王之父师：西周毕公为周文王之子，周武王之弟。武王死后，又辅佐武王之子成王和成王之子康王。这里将严嵩比作毕公。父师，古代君王尊称曾在先朝为相、年高德劭的元老重臣为相父。

点评

　　此文是徐渭代胡宗宪写给严嵩的生日贺启,作于嘉靖三十八年(1559)严嵩八十寿辰之时。生日贺启属于常用的应酬文体,虽然都是一些奉承祝愿的套话,但如何根据所贺对象的特点,援引恰当典故,采用合适语词,写出特色,在众多贺启中别具一格,让人眼睛为之一亮,也考验作者的才思。此启用典精妙,文辞华美,足见徐渭高超的文字功底。

谢督府胡公启[一]

渭失欢帷幕[二]，动逾十年[三]；俯托丝萝[四]，历辞三姓[五]。过持己见，遂骇众闻，诋之者谓矫激而近名[六]，高之者疑隐忍以有待。

明公宠以书记[七]，念及室家，为之遣币而通媒[八]，遂使得妇而养母[九]。然渭于始议之日，曾陈再让之辞，蒙召中军[一〇]，托以斯事，久而不报，付之无缘。畴知白璧之双遗[一一]，竟践黄金之一诺[一二]，传闻始觉，坐享其成。

昔孙明复号称大儒，以相国为之媒而后娶[一三]；杜祁公荐登高第，乃孙令坚其议而始婚[一四]。若渭则实非其人，偶遭其遇。夙蒙国士之待，既思何以酬恩[一五]；今受王孙之怜，益愧不能自食[一六]。徒知母在而喜，顽然捧檄之情[一七]；豫拟身教所先[一八]，遵以齐眉之敬[一九]。岂敢言兄弟家邦之仪法[二〇]，庶以答父母国人之盛心[二一]。

《徐文长三集》卷十五，明万历二十八年商浚刻本

注释

〔一〕督府胡公：胡宗宪，详见《拟上督府书》注〔一〕。

〔二〕失欢帷幕：指夫妻失和，关系破裂。失欢，失和。帷幕，围在四周的布帐，在旁曰帷，在上曰幕，这里指家中内室。

〔三〕动逾十年：嘉靖二十五年（1546），徐渭第一任妻子潘氏病逝；二十八年，纳妾胡氏，第二年出；三十八年夏，入赘王氏，同年秋与之决裂，故曰十年。动，常常，每每。

〔四〕俯托丝萝：降下身段，托以婚姻，这里指他人主动提出把女儿嫁给徐渭。丝萝，菟丝与女萝，均为蔓生植物，纠结在一起，不易分开，常用来比喻结为婚姻。

〔五〕历辞三姓：指拒绝潘钺三次做媒。《畸谱》："（嘉靖三十一年）初夏，赴归安潘友招，图继我偶，后先以三女，余三忤之。"

〔六〕矫激而近名：特意做出违逆常情之事以求名。近名，追求名誉。《庄子·养生主》："为善无近名，为恶无近刑。"

〔七〕宠：荣宠，信任。书记：本指文书和图记，引申为指掌管文书和图记的人员，又称记室。

〔八〕遣币：古代婚嫁礼仪之一，求婚时男方向女方赠送币帛等礼物。

〔九〕母：指徐渭生母。徐渭嫡母苗宜人在他十四岁时过世。生母为嫡母的婢女，在徐渭十岁左右被嫡母外嫁。徐渭二十九岁时，才迎养生母于家。徐渭四十八岁时（入狱两年后），生母去世。见《畸谱》。

〔一〇〕中军：中军官，即传令官。

〔一一〕畴：谁。白璧之双遗：此指遣币通媒。白璧，扁平圆形而中有小孔的白玉。遗，赠送。

〔一二〕黄金之一诺：指信守诺言。《史记》卷一百《季布栾布列传》："得黄金百，不如得季布一诺。"

〔一三〕孙明复：孙复，字明复，晋州平阳（今山西临汾）人。北宋理学家，与胡瑗、石介并称"宋初三先生"。年四十不娶，丞相李迪知其贤，以侄女妻之。见《宋史》卷四百三十二。

〔一四〕杜祁公：杜衍，字世昌，越州山阴（今浙江绍兴）人。北宋名臣，封祁国公。杜衍微时客济源县，县令厚遇之，知其必贵，令本县大姓相里氏与之议婚。孙令：疑为"县令"之误，据《邵氏闻见录》卷八。

〔一五〕国士之待：春秋时晋人豫让是晋卿智伯的家臣，为报主人智伯之仇，漆身吞炭，伺机行刺赵襄子，事败自杀。自杀前有"众人遇我，我故众人报之；国士遇我，我故国士报之"的言论。见《史记》卷八十六《刺客列传》。

〔一六〕王孙之怜：韩信少时贫贱，衣食无着，在淮阴城下垂钓，一漂母一连数十日赠予食物。韩信誓以重报，漂母怒曰："大丈夫不能自食，吾哀王孙而进食，岂望报乎！"见《史记》卷九十二《淮阴侯列传》。

〔一七〕顽然捧檄：东汉庐江毛义有孝名，南阳张奉去拜见他，刚好府檄至，任毛义为守令。毛义拿到檄，非常高兴。张奉以为他是为名利而做官，因此看不起他。后来毛义母亲去世，他便拒绝再去做官，张奉这才明白他之前乐意做官是为了挣得俸禄，奉养母亲。见《后汉书》卷三十九。

〔一八〕豫拟身教所先：此句言要以身作则，先管理好自己的家庭。《礼记·大学》："古之欲明明德于天下者，先治其国。欲治其国者，先齐其家。欲齐其家者，先修其身。欲修其身者，先正其心。欲正其心者，先诚其意。欲诚其意者，先致其知。致知在格物。"

〔一九〕齐眉之敬：后汉梁鸿之妻把食具抬举到眉眼的高度递给丈夫，后形容夫妇相敬如宾。《后汉书》卷八十三《梁鸿传》："（梁鸿）为人赁舂，每归，妻为具食，不敢于鸿前仰视，举案齐眉。"

〔二〇〕"岂敢"句：言自己要加强修养，做妻子、兄弟以至天下人的楷模。《孟子·梁惠王上》："《诗》云：'刑于寡妻，至于兄弟，以御于家邦。'言举斯心加诸彼而已。故推恩足以保四海，不推恩无以保妻子。"

〔二一〕"庶以"句：言自己要夫妻和睦，报答所有人的关心。《孟子·滕文公下》："丈夫生而愿为之有室，女子生而愿为之有家。父母之心，人皆有之。不待父母之命，媒妁之言，钻穴隙相窥，逾墙相从，则父母国人皆贱之。"

点评

此为徐渭于嘉靖三十九年（1560）写给胡宗宪的谢启。徐渭于两年前即嘉靖三十七年正月入胡宗宪幕府，这年春天，"新倭复大至"，嘉靖帝"严旨责宗宪"，"令克期平贼"（《明史》卷二百五）。四月，胡宗宪献上从舟山所得的白鹿，徐渭代作《进白牝鹿表》，嘉靖帝大悦，厚赏银币。闰七月，胡宗宪再次献上从齐云山所得的白鹿，徐渭代作《再进白鹿表》，胡宗宪升俸一级（见《明世宗实录》卷四百五十八、卷四百六十二）。嘉靖帝迷信道教的玄修和祥瑞之类说法，也喜欢四六俪语，徐渭代作的两篇用四六文写的献瑞贺表，在化解胡宗宪政治危机中起了关键作用。两年后胡宗宪为徐渭谋聘继室，是对其功劳的回馈。

徐渭一生四娶。二十一岁时娶妻潘氏，两情相笃，可惜潘氏于五年后病逝。二十九岁时纳杭州女子胡氏为妾，第二年将其休弃。三十九岁时入赘杭州王氏，同年秋与之决裂。今年徐渭四十岁，聘张氏，次年成婚。四十六岁时，徐渭病狂，杀继妻张氏，自己也因此下狱。徐渭不仅没有实现信中所谓的"齐眉之敬"，反而酿就了一场人伦惨变，自身的命途也愈为坎坷。

奉答少保公书之一〔一〕

门下诸生徐渭谨上状明公台下〔二〕。伏惟明公,芳节表世〔三〕,元勋格天〔四〕,受知圣明,莫得离间〔五〕。门下小子渭伏奉钧札〔六〕,不胜欢喜,便欲驰诣阶墀〔七〕,稽首称贺〔八〕,以势有不可,不敢不言。

渭犬马贱生〔九〕,夙有心疾,近者内外交攻,势益转剧。心自揣量,理不久长。若欲疗之,又非药石所能遽去。每欲入山静养百日,以验其可活与否,辄未遂愿,以命延挨,言之痛心。

前日禀辞明公,疾已发作,道远天暑,抵家益增。今者伏奉使书,其人亲见渭蓬跣不支〔十〕,亲友入视,送迎之礼全废。渭有此阻滞,自信不欺。辄伏枕定思,摩仿尊意之万一,谨以草就谢疏,投附使人赍上〔一一〕,少备采择。须静养稍验。天气入凉,渭即驰诣门下,仍备任使下列,渭不胜欢喜悚惧之至。

《徐文长三集》卷十六,明万历二十八年商浚刻本

注释

〔一〕少保公：胡宗宪，详见前《拟上督府书》注〔一〕。胡宗宪于嘉靖四十年（1561）晋升少保。

〔二〕门下：门庭之下，引申为门客、门生。诸生：明清称考取秀才入学者为诸生。徐渭二十岁进山阴县学为诸生，三十八岁入胡宗宪幕府，故自称"门下诸生"。

〔三〕芳节表世：美好的节操为世之表率。

〔四〕元勋：首功，此指抗倭之功。格天：感通上天。

〔五〕受知圣明，莫得离间：指胡宗宪深得嘉靖帝信任，他人不能离间。嘉靖三十九年（1560）六月，给事中罗嘉宾、御史庞尚鹏等参胡宗宪侵盗军饷。胡宗宪上疏自辩。后御史崔栋也为其开脱。嘉靖四十年五月，嘉靖皇帝下旨："钱粮既查明，胡宗宪令照旧尽心督抚。"见《明世宗实录》卷四百八十五、卷四百九十六。

〔六〕钧札：指胡宗宪的来信。钧，对尊长或上级的敬辞。

〔七〕阶墀（chí）：台阶。

〔八〕稽首：叩首至地。称贺：指恭贺胡宗宪加少保之喜。

〔九〕犬马：对尊长的自谦之辞。

〔十〕蓬跣（xiǎn）不支：蓬头光脚，体力不支。

〔一一〕使人：此指胡宗宪派来送信的人。赍（jī）：拿东西送人。

点评

嘉靖四十年（1561）九月，胡宗宪因宁、台、温大捷而晋少保，正值徐渭"心疾"发作，请假在家休养。胡宗宪派使者持手书，请徐渭起草给嘉靖皇帝的谢疏。徐渭回复胡宗宪的来信，并起草谢疏，交给使者带回。

徐渭此次发病，主要原因是这年乡试失利，精神遭受巨大打击。这是徐渭第八次也是最后一次参加乡试，从此与仕途基本无缘，"应辛酉科，复北。自此祟渐赫赫。予奔应不暇，与科长别矣"（《畸谱》）。徐渭从二十岁开始参加每三年一次的乡试，至本年四十一岁，二十一年间"举于乡者八而不一售"（《徐文长三集》卷二十六《自为墓志铭》）。科举一再失利对科举时代的举子造成的精神折磨可想而知，更何况徐渭满腹才华，更是难以接受。

在这封短札中，除了开头对胡宗宪晋升表示恭贺外，其余内容均在陈述自己的病情，称自己"理不久长"，未知"可活与否"。徐渭用此种夸大之词，其实是有苦衷的。据陶望龄《徐文长传》，胡宗宪在徐渭参加乡试前，曾向考官推荐徐渭，并许诺徐渭被录取的话，会有所回报。一县令参加阅卷，因迟到未听闻此事，而徐渭的考卷正巧落到此人手上，因此再次落榜。此时徐渭请病假告归，胡宗宪可能会怀疑他因乡试关照不成，怀恨在心，故意装病，不愿意再效力。后人都夸张叙说胡宗宪如何尊重徐渭，但胡宗宪是朝廷重臣，徐渭不过一介秀才，地位悬殊。胡宗宪可以赏识徐渭，也可以决定徐渭的生死。徐渭实际上一直处于忧危之中，小心翼翼。为了洗脱托病请辞的嫌疑，徐渭不得不极力申明病况属实，所以此信充满无奈悲苦之情。

奉答少保公书之二

伏蒙明公差人赍赐手札、俸金、考卷、诗序，渭谨对使人四叩首，如数祇领讫〔一〕。

恭惟明公教示之言，广大明彻，其悯爱渭犬马微生之念〔二〕，详切恳到〔三〕，真父母盛心、圣贤宗旨、对症妙药也。渭虽至愚且执〔四〕，亦因之有省克处〔五〕，谨宜书绅铭器〔六〕，庶几痼疾有渐瘳之望〔七〕，褊性有日改之机矣〔八〕。伏念颁赐厚重，推及渭生身之人〔九〕，天地深恩，岂渭槁落之躯所能图报万一〔一〇〕？惟殒首一念〔一一〕，没齿为期〔一二〕。

谨奉召命，缘渭前疾稍增〔一三〕，夜中惊悸自语，心系隐痛之外〔一四〕，加以四肢掌热，气常太息〔一五〕。每因解闷，少少饮酒，即口吻发渴，一饮汤水，辄五六碗吐痰，头作痛，尽一两日乃已。志虑荒塞〔一六〕，兼以健忘，至于发毛日益凋瘁，形壳如故，精神日离。

今者使人入门突然，见渭仍旧蓬跣〔一七〕，并非饰诈〔一八〕。缘此不敢弃远家室，冒暑涉途。渭谨昧死请乞再假旬余之期，天气少凉，病或稍减，渭即驰赴函丈〔一九〕，伏聆德音〔二〇〕。陈谢谨伸〔二一〕，遣责甘受，渭不胜感激瞻恋之至〔二二〕。

《徐文长三集》卷十六，明万历二十八年商浚刻本

注释

〔一〕祇（zhī）领：恭敬地领取。

〔二〕微生：卑微的生命。

〔三〕恳到：犹"恳至"，恳切之意。

〔四〕执：执拗，不知变通。

〔五〕省克：省身克己，检查自身的过失，克制非分之想。《论语·学而》："曾子曰：'吾日三省吾身：为人谋而不忠乎？与朋友交而不信乎？传不习乎？'"《论语·颜渊》："克己复礼为仁，一日克己复礼，天下归仁焉。"

〔六〕书绅铭器：把要牢记的话写在绅带上，刻在器物上。此指要牢记胡宗宪的教导。绅，古代士大夫束在腰间的大带子，偏指其下垂的部分。《论语·卫灵公》："子张书诸绅。"

〔七〕痼疾：积久难治的病。瘳（chōu）：病愈。

〔八〕褊（biǎn）性：心胸狭窄的脾性。褊，本义为衣服狭小。

〔九〕推：推恩。渭生身之人：指徐渭生母。胡宗宪赐给徐渭生母礼物，故云。

〔一〇〕槁落：即槁落，干枯败落。此句言自己寥落失意，

难以图报。

〔一一〕殒首：即陨首，犹言肝脑涂地，牺牲性命。

〔一二〕没齿：终身。古人以牙齿生长和掉落观察年龄。没齿，即牙齿掉光，指生命终结。《论语·宪问》："没齿无怨言。"此二句是说，一辈子以性命报答。

〔一三〕前疾：前一封信所说的"心疾"。

〔一四〕心系：旧称系悬心脏于胸腔中的筋脉。

〔一五〕太息：叹气。

〔一六〕志虑：意志，精神。荒塞：昏聩闭塞。

〔一七〕蓬跣：蓬头光脚。

〔一八〕饰诈：作假骗人。

〔一九〕函丈：敬称，此指胡宗宪。

〔二〇〕德音：善言，有德者之言。《左传·昭公四年》："是以先王务修德音，以亨神人。"《诗经·邶风·谷风》："德音莫违，及尔同死。"后亦用于对别人言辞的敬称。

〔二一〕陈谢：表示谢意。

〔二二〕瞻恋：仰慕、依恋。

点评

在徐渭回复前一封信后不久，胡宗宪又派使者带俸金、礼物等前来，实际上是催逼徐渭返回幕府。徐渭回信表达感恩之情，并详细描述自身病况，说明不能及时归幕的缘由。

从信中"使人入门突然"可知，胡宗宪没打招呼，派人突然来到徐渭家中。徐渭对胡宗宪再次派人前来的意图了然于心，一来是探查他是否装病，二来是给他施压，催他早点归幕。因此徐渭极力辩解自己确实病重，"并非饰诈"，其敬畏小心之意溢于言表。徐渭为自保，在胡幕也需战战兢兢、谨慎知敬。陶望龄《徐文长传》描写徐渭在胡幕中的经历："渭性通脱，多与群少年昵饮市肆。幕中有急需，召渭不得，夜深，开戟门以待之。侦者得状，报曰：徐秀才方大醉嚾嚣，不可致也。公（胡宗宪）闻，反称甚善。时督府势严重，文武将吏庭见惧诛责，无敢仰者。而渭戴敝乌巾，衣白布浣衣，直闯门入，示无忌讳，公常优容之。"袁宏道撰《徐文长传》也有类似记载。较以徐渭的这些书信，可见陶、袁的描绘不免夸饰。

奉答少保公书之三

渭伏奉钧命，谨当如期呈稿，不敢违误。恭询台候万福〔一〕，得知比来静养，履兹炎暑〔二〕，伏望更加珍摄〔三〕，渭不胜卷卷〔四〕。

传闻镇海楼碑石已到，渭窃见友人府学生张道书法精劲，近鲜与俦〔五〕，可应书碑之托。谨觅得道旧时所书与人文字一卷呈览，然近更精也。道为人端慎，渭今此举，道实不知。且度其后来决无他望，特以金石之传，大观所系，傥杨山人偶不至〔六〕，舍道无可任此者，伏乞垂览。万一可取，止须行牌绍兴府学起送，极为便易。渭考校已毕，见听发落〔七〕，未敢驰赴阶墀，不胜瞻恋悚息〔八〕。渭谨状。

《徐文长三集》卷十六，明万历二十八年商浚刻本

注释

〔一〕台候：敬辞，用于问候对方寒暖起居。

〔二〕履：步履，行走，引申为经历。

〔三〕珍摄：保重。

〔四〕卷（quán）卷：犹"惓惓"，忠诚恳切貌。

〔五〕俦：匹敌。

〔六〕倘（tǎng）：同"倘"，倘若，如果。偶：碰巧。

〔七〕考校已毕，见听发落：考试已结束，正等结果。见，通"现"。

〔八〕悚（sǒng）息：因惊恐而屏息。用作书信中的套语，犹惶恐。

点评

这是徐渭向胡宗宪推荐张道书写镇海楼碑记的一封举荐信。此时天气仍"炎暑"，当作于嘉靖四十年（1561）夏秋之际。书中又谓自己"考校已毕，见听发落"，则可能作于当年八月乡试后，发榜之前。而徐渭自编文集将此信排列于前两封信之后，不知何故。

镇海楼旧名朝天门，为五代吴越王钱镠拓筑杭州城时所建。嘉靖三十五年（1556）遭火患。胡宗宪总督直浙闽军务，衙门设在杭州，他认为重建此楼有助于平倭，于是带头集资动工。嘉靖四十年楼成，命名为镇海楼，并勒石作记，命徐渭代他作《镇海楼记》。胡宗宪对徐渭的文章非常满意，赏银二百二十两，让其回乡置买房屋。这是一笔丰厚的酬金。徐渭回乡后，加上自己另外卖文所得之银二百二十两，"买城南东地十亩，有屋二十有二间"，取名酬字堂（《徐文长三集》卷二十三《酬字堂记》）。徐渭自此结束僦居生活，有了自己的房产。

奉答少保公书之四

某初闻玉体违和，即买舟渡江，连日诣幕下，恭候消息，以为趋侍进止。旋知起居万福，又闻旌节日下便还[一]，喜忭交集[二]，遂投寓省城，伏候振旅[三]。

恭念明公此身扶持社稷，岂直千金之珍；庇佑门墙[四]，兼有二天之戴[五]。隆冬远道，全赖节宣[六]，决策酬纷，翻宜暇豫[七]。伏愿少亲细务[八]，时适寒暄，暂远壶觞[九]，多就眠息。

《徐文长三集》卷十六，明万历二十八年商浚刻本

注释

〔一〕旌节：唐宋时皇帝赐给节度使的仪仗，旌以专赏，节以专杀。此处代指胡宗宪督府。

〔二〕忭：高兴，喜欢。

〔三〕振旅：整队班师。《诗经·小雅·采芑》："伐鼓渊渊，振旅阗阗。"

〔四〕门墙：指学生、属下。《论语·子张》："夫子之墙数仞，不得其门而入，不见宗庙之美，百官之富。得其门者或寡矣。"后因以"门墙"指老师或学生。

〔五〕二天：一天指父母，二天指对自己有再生之德者。《后汉书》卷三十一《苏章传》："顺帝时，迁冀州刺史。故人为清河太守，章行部案其奸臧。乃请太守，为设酒肴，陈平生之好甚欢。太守喜曰：'人皆有一天，我独有二天。'"戴：感戴。

〔六〕节宣：调节和宣泄体内的气息，保持身体的健康和平衡。

〔七〕翻：反而。暇豫：悠闲逸乐。

〔八〕细务：琐碎小事。

〔九〕壶觞（shāng）：盛酒的器具，借指酒。

点评

此信作于嘉靖四十年（1561）冬天，徐渭于此时方归幕。得知胡宗宪身体不好，准备前往问候。又得知胡宗宪病情好转，且即将移节杭州，所以又决定去杭州迎候。徐渭嘱咐胡宗宪注意保养，多休息，少喝酒，显得很亲密。实际上他只是一个幕僚，原本不一定要与胡宗宪保持如此密切的联系。但为了维持与胡宗宪的关系，他不得不殷勤地联系问候。胡宗宪是否看重他的问候，是一回事；他是否主动问候，表示关切，又是另一回事。

奉答少保公书之五

某于去年十二月廿二日伏奉使命，即于廿五日起身，至今年正月初二日到兰溪[一]。偶遇差船[二]，隔岸叫问，知明公的是初三日自广信取道徽郡[三]。某即从兰溪起陆走徽，凡八日，欹兜疲马[四]，兼以步陟峻岭，毳衣厌雨[五]，鸟道入云[六]，遂用颠顿。更拟向前迎候，才出休邑数里[七]，身热骨痛，重以旧患脑风，不可复支，遂投止齐云逆旅[八]，少用调息，伏候经临。谨听遣役先往，辄以历涉并初命所作谢启附呈。

《徐文长三集》卷十六，明万历二十八年商濬刻本

注释

〔一〕兰溪：在浙江中西部，今浙江省兰溪市。

〔二〕差船：公差所乘之船。

〔三〕的是：确是。广信：广信府，治所在今江西省上饶市广信区。徽郡：徽州府，治所在今安徽省黄山市歙县。

〔四〕欹（qī）兜疲马：身上背的口袋倾斜着骑在疲惫的马上，形容旅途颠簸疲累。

〔五〕毳（cuì）衣：粗糙的衣服，线头外露，有如动物毛发。毳，鸟兽的细毛。厌雨：灌饱了雨，指湿透。厌，饱。李洞《送行脚僧》诗："毳衣沾雨重，棕笠看山歌。"

〔六〕鸟道：只有鸟才能飞过的山道，指山路极为高峻。李白《蜀道难》："西当太白有鸟道，可以横绝峨眉巅。"

〔七〕休邑：休宁县，在安徽南部与江西、浙江接壤处。

〔八〕齐云：齐云山，在休宁县境内。逆旅：客舍。

点评

此信作于嘉靖四十一年（1562）正月。胡宗宪视师广信、徽州，徐渭前往徽州迎候，经浙江兰溪、安徽休宁，因体力不支，暂宿齐云山旅舍等候。徐渭非常细致地叙述自己的行程，强调自己一路上跋山涉水，极为困顿，都是在向胡宗宪交待自己毫未懈怠。

奉尚书李公书 石麓 [一]

某不佞 [二] ，自惟以一介之贱士，无片长之挟 [三] ，走数千里之道，以仰托明公之门墙而无所疑惧者 [四] ，非特以其道德之高深，问学之纯粹，行谊之正大，操履之介廉，谓足以师表而涵育之，始焉因之 [五] ，而终期于宗之而已也 [六] 。亦以明公雅量所及，每矜人之所不能 [七] ，而其使人也，动合器之之道 [八] 。名实流播，非特出于杨友一人。某在远方，盖习闻而素慕之，是以一蒙尊命而敢以身往也。

奉侍以来，自揣所具之器 [九] ，既不足以光明公之使，而其所不能者 [一〇] ，明公亦既矜而恕之矣。既又虑其进退之无所据，而见疑于时也 [一一] ，乃令习而延之 [一二] 。是明公之所以待不肖某者，诚无所不用其厚矣。某敢不勉而承之，姑以自试其果能与否，而敢遽自外于明公之德意哉 [一三] ？

但其中有不可者五，不敢不预白于明公 [一四] 。而其最可疑者，则入粟之说也 [一五] 。入粟之事，在贤者亦多就之，以卒售其两可之志 [一六] 。但在某之身，非时力有所决不能〔一七〕,抑亦心有所甚不欲。其自知之真,而自守之笃〔一八〕,有不可遽为明公言者。当时徒以查氏见促,用此言以缓其期,而他人往往来讯北上之由,某漫假此以支吾之耳,不知何以得闻于明公之前也。且某当临行,告有程假〔一九〕,暮春不复,例得扣停〔二〇〕。设某杂有他念,其于处此,岂得如此专决〔二一〕?明公试于此处察之,亦可以信其决无矣。则一至暮春,便须辞去,而某近在道途,屡遭诘问,犹假入粟之说以答乡人。明公不知,将谓其畜志如此反覆〔二二〕,某将何以自明?此其不可者一也。

至于习效斯事〔二三〕,恐难猝成,即使得成,恐不堪用。今某既已愿学,自不敢不竭其心力,而才有所困,事涉避难〔二四〕,如闻当时亦有缘此以得罪他所者。明公纵不见疑,某将何以自解?此其不可者二也。

诸撰繁多,不能概及,稍有余力,尚欲寻绎旧闻。正使竭其力之所及,不过表文一两篇,大对一两对而已。明公纵不求备,某将何以自安?此其不可者三也。

收散文目〔二五〕,类有掌管呼约;轮转入侍,则又寝处内城;临日挥毫〔二六〕,甚至聚食一所。某欲求免三者,而众人皆尔。明公纵欲优容,某将何以免自异之嫌?此其不可者四也。

旬日以来[二七],袖手坐食,退颁刍米[二八],实增汗颜。假令自今以往,许其尝试漫为,其实未见成效。若于刍米之外,复同众人月给,积至一季,为费愈多。明公总不校量,某将何以赎虚縻之罪?此其不可者五也。

夫闻命而即受,随所欲而不敢辞者,贱之所以事贵,卑之所以承尊也。因其人而广其资之所近,谅其短而不苦其性之所难者,知之所以容愚,贤之所以成不肖也。畜于志必宣于言[二九],虑于终必白于始者[三〇],上下之所以共成夫信义也。某既不敢不以贱之事贵、卑之承尊者自勉,而亦不能不以智之容愚、贤之成不肖者仰望于明公。故敢并以其畜于志、虑于终者,而宣于言、白于其始焉。惟明公其宥而裁之[三一]。

《徐文长逸稿》卷二十一,明天启三年张维城刻本

注释

[一]尚书李公:李春芳(1511—1584),字子实,号石麓,扬州府兴化(今属江苏)人。嘉靖二十六年(1547)状元,授翰林院修撰,被嘉靖帝选入西苑撰写青词,受到赏识,超擢翰林学士。嘉靖四十二年任礼部尚书,四十四年兼武英殿

大学士，入阁参预机务。隆庆二年（1568）任首辅，五年致仕。万历十二年（1584）卒，赠太师，谥文定。著有《贻安堂集》十卷。《明史》卷一百九十三有传。

〔二〕不佞：无才，谦辞。

〔三〕无片长之挟：没有一点长处可以倚仗。

〔四〕门墙：师门，门下。

〔五〕因：依附。

〔六〕宗：尊奉为表率。

〔七〕矜人之所不能：体谅别人的短处。矜，怜惜，同情。此指李春芳不会勉强他做不擅长之事，即写青词。

〔八〕器之：量材使用。此句指李春芳用人各随其才，不会强人所难，仍指写青词事。

〔九〕器：才能，本领。

〔一〇〕所不能者：指写青词。

〔一一〕进退之无所据，而见疑于时：胡宗宪被逮削籍后，胡幕解散，徐渭不仅失去依附之人，还可能会受牵连，故云。

〔一二〕习而延之：指李春芳让徐渭先学习青词写作，再正式参与撰写工作。

〔一三〕德意：布施恩德的心意。

〔一四〕预白：提前告知。

〔一五〕入粟：又称纳粟。明清时期向官府捐纳钱财，准入国子监为监生，可不经县、州、府和省的岁试、科试，直接参加乡试。

〔一六〕两可之志：此指有的人心思比较灵活，通过考举人这一科举正途也可，通过纳粟获得国子监监生资格以图出路也可。

〔一七〕时力：时机和财力。

〔一八〕自守：自坚其操守。

〔一九〕程假：一定时段的假期。

〔二〇〕例得扣停：徐渭为山阴县学廪膳生员，官府定期发放膳食津贴，如请假外出超过一定期限，不到县学报到，则"扣停"津贴。

〔二一〕"设某杂有他念"句：意谓假如我真有纳粟入监的念头，现在就不会如此决绝地拒绝了。

〔二二〕畜志反覆：心里的打算不断变化。指自己之前对人言要纳粟，如今又拒绝李春芳为其纳粟，反复不定。

〔二三〕习效斯事：指学习写作青词。

〔二四〕避难（nán）：回避困难的事情，指写作青词事。

〔二五〕收散文目：收纳、散发文书之类。

〔二六〕临日挥毫：指逢临日就要写作青词。临日，星相术士以正月午日、二月亥日、三月申日、四月丑日、五月戌日、六月卯日、七月子日、八月巳日、九月寅日、十月未日、十一月辰日、十二月酉日为临日，为上临下之日。见《协纪辩方书》卷六"临日"条。

〔二七〕旬日：十天，也指较短的时日。

〔二八〕颁：分发。刍米：喂牲畜的草和人吃的粮食，代指生活补贴。

〔二九〕畜于志必宣于言：心里想的必须坦率地说出来。

〔三〇〕虑于终必白于始者：考虑到最终会造成的结果，必须在开始的时候就说清楚。

〔三一〕宥而裁之：宽恕并裁处。

点评

嘉靖皇帝常年深居宫中，专事打醮，让文臣们为之撰写祷告道教神灵的祷文，因祷文用朱笔在青藤皮制作的纸上书写，所以称为"青词"。当时朝廷重臣，如夏言、严嵩、徐阶等，都以代写青词讨好嘉靖皇帝。李春芳、严讷、郭朴、袁炜更专以此得宠，被称为"青词宰相"。徐渭为胡宗宪起草奏表，深得嘉靖帝赞赏，"其文旬月间遍诵人口"（陶望龄《徐文长传》），徐渭也因此名满京城。嘉靖四十一年（1562）十一月，胡宗宪被逮削籍，徐渭失幕回乡。李春芳便命门人查氏招徐渭为其代写青词，供奉嘉靖皇帝以邀宠。四十二年冬，徐渭进京，为李春芳做事。不久后就写了这封信，表露离去的心意。

从信中可见，徐渭与李春芳因纳粟一事发生冲突。李春芳通过门人杭州查氏招徐渭时，徐渭以纳粟作为托词，查氏可能许诺徐渭帮他纳粟，徐渭也可能考虑过接受，这样就可以直接参加顺天府乡试。但到李春芳门下后，发现李氏并非可以相处之人，不再愿意接受李春芳代为纳粟。因为纳粟的钱财不是一笔小数目，一旦接受，再想摆脱就很困难。徐渭在信中坚决拒绝李春芳为他纳粟入监，也是想与其保持距离，不愿欠人情而为其所羁绊。

徐渭在胡宗宪幕府效力近五年，因胡被逮才离开，为何在李春芳处才待了"旬日"，就有辞幕之心？原因在于徐渭对两人的感情不可同日而语。从个人的人格魅力而言，胡宗宪是抗倭名将，富有才干，有勇有谋，让徐渭敬佩。而李春芳主要靠写青词讨好嘉靖皇帝以猎取富贵，徐渭可能看不上他的人品和所作所为。更为重要的是，二人对待徐渭的态度大不相同。胡宗宪比较尊重徐渭，以上宾待之，徐渭在胡幕中也有一定的自由。对胡宗宪的礼遇，徐渭是心存感激的。他在诗文中不止一次提到这点，如《上督府公生日诗》(《徐文长三集》卷九)有句云："众人国士阶元别，知己蒙恩心所量。自分才难堪记室，人疑待己过中行。"《谢督府胡公启》(《徐文长三集》卷十五)曰："凤蒙国士之待，既思何以酬恩。"徐渭晚年所著《畸谱》有"纪恩"一类，只列了嫡母苗氏、张氏父子、胡宗宪四人。嫡母对他有养育之恩，张天复、张元汴父子对他有救命之恩，胡宗宪对他则是知遇之恩。而李春芳仅把徐渭当作撰写青词的工具使唤，且工作繁杂，要如普通门客一样收发文件，轮流入侍，众人一起进食。这对自视甚高的徐渭来说，无疑是一种人格的羞辱。徐渭在此期间作有《寄彬仲》(《徐文长三集》卷七)一诗，其中云"平原食客多云雾，未必于中识姓名"，透露出深深的失望与落寞。在李府，徐渭只是受到"众人"的待遇，与其在胡幕的"国士"待遇有着实质区别。

此信主体部分言"五不可"，模拟嵇康《与山巨源绝交书》，表面上谦恭，实际上语气非常强硬。虽然此时徐渭处境艰难，但他还是毅然决定脱离李春芳，拒绝为李春芳代写青词以讨好嘉靖皇帝，表现出不畏权贵、坚持自己的人格尊严的品格。

　　李春芳看到信后非常恼怒。在他眼里，徐渭虽然有点名气，但终究不过一介秀才，而自己贵为礼部尚书，却遭到如此决然的拒绝。他没有同意徐渭的辞聘，徐渭就自行离去了。徐渭在信中称"暮春"（嘉靖四十三年三月）离开，实际上二月就离开了李府。这在李春芳看来是大不敬的行为，严重冒犯了他的权威。到了秋天，李春芳放出风声恐吓徐渭，逼他返幕（很可能以他与胡宗宪案有牵连相威胁）。于是徐渭将之前的六十两聘金还给介绍人杭州查氏，查氏不收。徐渭只得进京，亲自归还李春芳，李春芳又不收。后经人调解（估计是徐渭同乡诸大绶等人从中帮忙），才同意徐渭辞聘。徐渭也因此次上京，错过这年乡试的时间，痛心不已，"是岁甲子，当科，而以是故夺。后竟废考"（《畸谱》）。在与李春芳交往这一段过程中，徐渭感到人格受辱，精神也受到伤害。第二年（嘉靖四十四年）四月，李春芳入阁，这无疑使刚得罪李春芳的徐渭倍感压力，加上害怕因胡宗宪案祸及自身，不久狂病再次发作。

上郁心斋[一]

伏惟明公忠节之后[二]，劲气全钟，宦仕以来，直道愈朗[三]。某穷居索莫[四]，不敢窃附于后尘；同巷交欢[五]，庶几妄希于末契[六]。顷罹内变[七]，纷受浮言。出于忍则入于狂[八]，出于疑则入于矫[九]。但如以为狂，何不概施于行道之人；如以为忍，何不漫加于先弃之妇[一〇]？如以为多疑而妄动，则杀人伏法，岂是轻犯之科；如以为过矫而好奇，则喋血同衾[一一]，又岂流芳之事？凡此大凡，虽至愚亦知所避；求诸众恶，惟明公或在所原[一二]。

顷者如闻月旦，亦步雷同[一三]。夫明哲之言，既共视以为低昂[一四]；里闬之论，又人取以为依据[一五]。今明公于某，实握此二端以相临。如见弃于公，虽家置一喙而何益[一六]？私求其故，盖亦有由。或因缘邻并，《苤苢》之好素敦[一七]；故分别姥公，《关雎》之咏攸属[一八]。因而见惑[一九]，殆以是乎？

抑不知河间奇节，卒成掩鼻之羞[二〇]；贾宅重严，乃有窃香之狡[二一]。使当年即死，又何异夫莽谦[二二]；惟九载勿成，乃始明夫鲧罪[二三]。事难概料，大约如斯。

伏望明公曲谅隐衷，力扶公道，勿泥前说[二四]，赐挽后评。倘能出万死于一生，即是垂三纲于九鼎[二五]。不胜恳悚，实倍叫号。

谢太傅夫人刘颇禁其嬖[二六]，太傅戚称后妃《关雎》《螽斯》不妒之德于其前[二七]。夫人曰："二诗是何人所作？"戚等对曰："周公。"夫人曰："可知。若是周姥，必不如此作。"妇护妇，世之常情也。偶用古人，比伦多失[二八]，不暇详择，乞原恕。尚有辨款颇繁，容续呈。

《徐文长逸稿》卷十一，明天启三年张维城刻本

注释

〔一〕郁心斋：郁言（1528—1581），字从忠，号心斋，浙江山阴（今浙江绍兴）人。嘉靖三十八年（1559）进士，历任宜兴知县、睢州同知、颍上知县。万历九年（1581）卒，年五十四。

〔二〕忠节：郁采，字亮之，浙江山阴（今浙江绍兴）人。正德二年（1508）进士，授刑部主事，谪大名教授，后迁裕州同知。正德六年，盗贼四起，郁采率众抵抗，力战而死。诏赠光禄寺少卿。唐王书"忠节"以旌之，故称"郁忠节"。郁言是郁采弟束之子。

〔三〕直道愈朗：耿直的品德更加发扬光大。

〔四〕穷居：穷困潦倒。索莫：亦作"索寞"，失意消沉的样子。

〔五〕同巷交欢：徐渭的酬字堂与郁言的宅子仅一墙之隔，两家人时有往来。见《徐文长逸稿》卷十五《贺郁太君序》。

〔六〕庶几妄希于末契：意思是自己心里存着妄想，希望能与郁言有交往的机会。末契，犹下交，长者与后辈的交谊，或尊者与地位低的人的交谊。

〔七〕罹：遭受。内变：指杀继妻张氏一事。

〔八〕出于忍则入于狂：如果认为我因残忍而这么做，那我就太疯狂了。忍，残忍。

〔九〕出于疑则入于矫：如认为我因多疑而这么做，那我就太偏激了。矫，违背常情，此处是偏激之意。

〔一〇〕如以为忍，何不漫加于先弃之妇：如果我很残忍，为何不对之前抛弃的女人也这样做呢？先弃之妇，指胡氏与王氏。详见前《谢督府胡公启》注释〔三〕。

〔一一〕蹀血同衾：此指杀妻。蹀血，踏血而行。同衾，共被而寝，指夫妻。

〔一二〕求诸众恶，惟明公或在所原：在众人都在谴责我的时候，唯有你或许可以推究事情的真相。原，推究，考查。

〔一三〕顷者如闻月旦，亦步雷同：近来听说你在议论我和这件事，看法也与别人一样。顷者，近来。月旦，"月旦评"的省称，指品评人物。典出《后汉书》卷六十八《许劭传》："初，劭与靖俱有高名，好共核论乡党人物，每月辄更其品题，故汝南俗有'月旦评'焉。"

〔一四〕明哲之言，既共视以为低昂：非常贤能的人，大家都会把他的话作为品评高低的依据。低昂，高下，犹言褒贬。

〔一五〕里闬（hàn）之论，又人取以为依据：因为我们是邻里，别人会觉得你的话更可信。里闬，里门，代指乡里。

〔一六〕家置一喙：每家每户都安置一张嘴巴，即挨家挨户解释。屈原《离骚》："众不可户说兮，孰云察余之中情。"柳宗元《与萧翰林俛书》："余虽家置一喙以自称道，诟益甚耳。"

〔一七〕《苤苢》之好：《诗经·周南·苤苢》描写古代妇女一起采集车前子的场景。此指郁言家中女眷与徐渭继妻之间的情谊。敦：淳厚。

〔一八〕故分别姥公，《关雎》之咏攸属：讨论《关雎》这首诗，男女的立场不一样，男人会强调女人不妒之德，女人则不会这么认为。详见文末自注。此处指郁言家女眷自然会站在徐渭继妻的立场为她说话，因"妇护妇，世之常情也"。

〔一九〕见惑：此指郁言被家里女眷的看法所蒙蔽。

〔二〇〕河间奇节，卒成掩鼻之羞：河间府有一妇人，贤淑贞洁。被族中一些品德败坏的无赖们设计引诱，变得淫荡出奇。后来亲戚邻里中连做坏事的那些人，只要听到她的名字，都捂住鼻子，不愿提起她。见柳宗元《河间传》。

〔二一〕贾宅重严，乃有窃香之狡：晋人韩寿长相俊美，贾充之女贾午倾心于他，遣侍婢暗通消息。贾家门卫森严，韩寿便于夜晚翻墙而入。贾午盗取父亲的西域异香赠予韩寿。贾充下属与韩寿宴饮时,闻到韩寿身上有奇香,于是将此事告诉贾充。后贾充将贾午嫁给韩寿。见《晋书》卷四十《贾充传》。徐渭用韩寿偷香及河间妇的典故,明指继妻张氏有外遇。

〔二二〕使当年即死,又何异夫莽谦:王莽未篡位时,折节恭俭,以德行著称,后却篡汉自立。此句的意思是,假使王莽在篡位之前就去世,大家都会以为他是谦恭之人。白居易《放言五首》其三云:"周公恐惧流言日,王莽谦恭未篡时。向使当时身便死,一生真伪复谁知。"

〔二三〕惟九载勿成,乃始明夫鲧(gǔn)罪:鲧治水九年不成功,才认定他是有罪的。鲧,夏禹之父,奉尧命治水,九年未成,被舜诛于羽山,见《史记》卷一《五帝本纪》。徐渭用王莽与鲧的典故,说明不能凭一时印象做出评判,而是需要长期观察。意谓郁言及家眷对其继妻的了解并不准确。

〔二四〕勿泥(nì)前说:不再坚持之前的看法。泥,拘执,不变通。

〔二五〕倘能出万死于一生,即是垂三纲于九鼎:如果你能救我一命,会使三纲的分量更重,地位更高。三纲,君为臣纲、父为子纲、夫为妻纲,合称三纲。九鼎,相传夏禹铸九鼎,象征九州,成为夏、商、周三代传国之宝,后用"九鼎"比喻分量重。

〔二六〕嬖(bì):宠爱,此指宠爱婢妾。

〔二七〕《关雎》《螽(zhōng)斯》:《诗经·周南》中的诗篇。

《关雎》篇"小序"云："后妃之德也。"《螽斯》篇"小序"云："后妃子孙众多也。言若螽斯不妒忌，则子孙众多也。"

〔二八〕比伦：类比。

点评

嘉靖四十四年（1565），徐渭因惧祸而狂病发作，意图自杀，以锥刺耳，未死，自杀前作《自为墓志铭》。第二年狂病再次发作，杀继妻张氏，被革去生员籍下狱。此时张氏所生的儿子枳才五岁。徐渭于嘉靖四十五年（1566）入狱，隆庆六年（1572）除夕出狱，首尾七年。这是徐渭在入狱后不久写给同乡郁言的信。

徐渭杀妻后，外界议论纷纷。徐渭在狱中听闻郁言也说了不利于自己的话，而郁言的评论会影响案件的判决。一则因为郁言是进士，在当地是有身份、有影响力的人物，他的言论是"明哲之言"。二则因为两家是邻居，郁言的言语属"里闲之论"，旁人会认为郁言了解徐渭家事，很可能对他的话信以为真。因此徐渭写这封自辩信，一是反驳外界流言，责备郁言不了解情况，随便发表议论。信中多次用典，旨在说明传言往往会失真，真相隐藏在表象之下，认识事情的真相并不容易。二是说明杀妻的原因是张氏有外遇，希望郁言改口，将舆论导向有利自己的方向。按明代法律，妇人通奸，被丈夫当场抓获并杀死，丈夫无罪（见《大明律》卷十九"人命"）。徐渭杀妻，不属于当场抓获奸夫奸妇，不可能无罪，但罪有轻重之分。如果有奸情，属擅杀，罪不至死；如果无奸情，属故意杀人，当是死罪。证明妻子有外遇，才能使徐渭有一线生机。

这封信思路清晰，颇具文采，四六俪语，信手拈来，用典灵动，具有说服力。徐渭当时的处境非常危急，却还能写出如此生动的文章，尽显才情。

启诸南明侍郎之一[一]

某生来蠢躁，动辄颠迷[二]。当其在外而纵也，辟如虾蟹跳掷于苇萧[三]，瞋瞋然不知远害而全身[四]；及今戴盆而锢也[五]，辟如雉兔触罥于笼牢[六]，盼盼焉不知伏处而待命[七]。是以过求非分[八]，屡干台严[九]，而宽宥有加，闵怜无已，垂头倾耳[一〇]，继之以泣。盖雉兔之待鼎铛[一一]，但知号己之急；而云雨之救枯稿[一二]，自有乘时之施。某敢不驯伏躁迷，勉体德意[一三]，忍死以待？傥承照于收榆[一四]，即复就烹，亦安心于结草[一五]。

《徐文长三集》卷十五，明万历二十八年商濬刻本

注释

〔一〕诸南明侍郎：诸大绶（1523—1573），字端甫，号南明，浙江山阴（今浙江绍兴）人。嘉靖三十五年（1556）状元，授翰林院修撰。隆庆元年（1567），任侍读学士掌翰林院事。隆庆四年，升礼部右侍郎。隆庆六年，改吏部右侍郎。万历元年（1573）卒，赠礼部尚书，谥文懿。

〔二〕颠迷:昏乱迷惑。

〔三〕苇萧:芦苇、艾蒿。

〔四〕瞚(shùn)瞚然:眼睛一眨一眨的样子。瞚,同"瞬",眨眼。

〔五〕戴盆:犹覆盆,比喻冤屈难伸。锢:禁闭。

〔六〕雉兔:野鸡和兔子。罥(juàn):捕捉鸟兽的网。

〔七〕盻(xì)盻焉:愤恨仇视的样子。伏处:安处,不四出活动。待命:等待天命,犹言等待时机。

〔八〕非分:不合本分,非本分所应有。

〔九〕干(gān):冒犯,触犯。台严:称呼对方的敬辞。

〔一〇〕垂头倾耳:低下头,侧着耳朵静听。

〔一一〕待鼎铛(chēng):等待被烹煮。鼎,古代烹煮用的器物,多以青铜铸成,三足(或四足)两耳。铛,平底铁锅。

〔一二〕枯稿:干枯,枯萎。稿,同"槁"。

〔一三〕体:体会,领会。德意:布施恩德的心意。

〔一四〕收榆:即收之桑榆,谓事犹未晚,尚可补救。《后汉书》卷十七《冯异传》:"始虽垂翅回溪,终能奋翼黾池,可谓失之东隅,收之桑榆。"

〔一五〕结草:比喻死后报恩。《左传·宣公十五年》载,晋大夫魏武子有一宠妾。魏武子病时对儿子魏颗说:"等我死后,你一定要让她再嫁。"临死又命儿子以妾陪葬。魏武子死后,魏颗没有让她陪葬,而是将她嫁给别人。魏颗说:"人在病重时神志不清。我将她嫁出去,是听从父亲神智清醒时的吩咐。"后来魏颗与秦力士杜回交战,见一老人把草结起来绊倒杜回,魏颗因此擒获杜回。魏颗夜里梦见老人对他说:"我是被你嫁出去的那个妾的父亲,特地来报恩。"

点评

徐渭在入狱后曾多次自杀,"前年逆有阴变起而九自裁"(《徐文长三集》卷二十《读余生子传》)。尽管如此,本能的求生欲依然强烈。在狱中徐渭曾向京中及地方的显达者写了不少求援的信件,"累牍望援"(俞宪《盛明百家诗·徐文学集序》),并作有《寄京中诸公援者》《寄京中诸达者》(《徐文长三集》卷七)等诗。此篇与后一篇就是写给在京为官的诸大绶的两封信,作于隆庆四年(1570)五月诸大绶升任礼部右侍郎之后,隆庆六年除夕徐渭出狱之前。

徐渭与诸大绶是同乡,年龄相仿,"庚子识公",嘉靖十九年(庚子,1540)相识,当时徐渭二十岁,诸大绶十八岁。嘉靖四十三年(1564),徐渭因受李春芳刁难不得已进京辞聘时,得到诸大绶的接待和帮助。徐渭入狱后,诸大绶帮他四处说情,"家置一喙,日千斛涎"。除了出力,诸大绶还出钱帮徐渭向官府缴纳赎金,"馆中之禄,所羡能几?以入于曹,远自千里"(《徐文长三集》卷二十八《哀诸尚书辞》)。徐渭对诸大绶的感激自不待言。

在此信中,徐渭以"蠢躁""颠迷"形容自己,将自己比作虾蟹、雉兔，反思自己的性格及行为，同时表示自己会"忍死以待"，急切盼望得救，真是可悲可怜。一是地位悬隔，二是生死攸关，徐渭只有用极其恳切的语言，才有可能打动诸大绶，使他愿意对自己施以援手。

启诸南明侍郎之二

伏念渭小人〔一〕，立身无状〔二〕，堕囚有年〔三〕。等诸分数〔四〕，爱欲其生不胜恶欲其死之多〔五〕。然在乡人，不善恶之，犹有善者好之之幸。但怜惜之心，或夺于顾忌；扶持之力，遂阻于回翔〔六〕。非有大慈悲具菩萨之行〔七〕，兼以猛担当全龙象之雄〔八〕，岂肯舍己而耘田〔九〕，终于道傍之筑室〔一〇〕？

此盖伏遇门下〔一一〕，霄表星辰〔一二〕，朝端麟凤〔一三〕，一言一动而天下倚为重轻，万举万当而斯世无所猜忌〔一四〕。猥以死灰，加之嘘息〔一五〕，得诸秘寄〔一六〕，感而涕零。非曰尺笺之上，敢书谢悰〔一七〕；特以方寸之倾〔一八〕，不能缄默。譬如蛊瘵在床〔一九〕，虽至亲视为恶疾，而有共弃之谋。迨和、缓入户〔二〇〕，则病者一闻药香而兴必起之念。道义所在，天地共临，恩德罔酬〔二一〕，结衔犹负〔二二〕。自今已往，庶几终于玉成〔二三〕；从此余生，并是付之再造〔二四〕。

《徐文长三集》卷十五，明万历二十八年商濬刻本

注释

〔一〕小人：地位低下的人，谦辞。

〔二〕立身：安身，存身。无状：无善状，不肖。

〔三〕堕囚：指入狱。

〔四〕等诸分数：将两种数量相比较。

〔五〕爱欲其生不胜恶欲其死之多：爱重我希望我活的人，不如憎恶我希望我死的人多。

〔六〕回翔：盘旋飞翔，此指徘徊不定。

〔七〕菩萨：梵语音译"菩提萨埵"的省称。"菩提"意为正觉，"萨埵"意为众生，合起来意思是既自身求得正觉，又普渡众生。罗汉修行精进，便成菩萨，再修则成佛。

〔八〕龙象：龙与象。水行中龙力大，陆行中象力大，故佛氏用以喻诸阿罗汉中勇猛有最大力者。

〔九〕舍己而耘田：舍弃自己的田地，却去替别人耕田。语出《孟子·尽心下》："人病舍其田而芸人之田。"

〔一〇〕道傍之筑室：在路旁盖房，听过路人的主意，意见各异，终不成事。语出《诗经·小雅·小旻》："如彼筑室于道谋，是用不溃于成。"

〔一一〕门下：敬辞，称对方。

〔一二〕霄表星辰：天上的星辰。比喻诸大绶像星星一样高高在上，熠熠生辉。

〔一三〕朝端麟凤：朝廷上的重要人物。朝端，朝廷上。

麟凤，麒麟和凤凰，比喻才智出众的人。

〔一四〕万举万当：做任何事都恰如其分。

〔一五〕猥（wěi）以死灰，加之嘘息：意思是使死灰复燃。猥，谦辞，犹言辱，承。嘘息，呼气，吹气。

〔一六〕秘寄：指诸大绶为救助徐渭而给其他人写的信。

〔一七〕谢悰（cóng）：感谢的心情。

〔一八〕方寸：内心。倾：钦佩，感激。

〔一九〕蛊瘵（zhài）：久治未愈的病。蛊，通"痼"。瘵，病。

〔二〇〕和、缓：春秋时秦国的两位名医，后泛指良医。

〔二一〕酬：报答。

〔二二〕结衔：结草衔环，指报恩。结草，见前《启诸南明侍郎之一》注释〔一五〕。衔环，《续齐谐记》载，东汉杨宝九岁时，在华阴山见到一只受伤的黄雀，将它带回家，以黄花喂养了一百多天。黄雀伤愈后就飞走了。当天晚上，杨宝梦见一黄衣童子赠给他四枚白环，并对他说："我是西王母的使者，很感激你救了我。让你子孙的品德像这白玉环一样洁白无瑕，并保他们位列三公。"后来杨宝的儿子杨震、孙子杨秉、曾孙杨赐、玄孙杨彪都官至太尉，为政清廉。

〔二三〕玉成：成全。张载《西铭》："富贵福泽，将厚吾之生也；贫贱忧戚，庸玉女于成也。"

〔二四〕再造：使人重新获得生命，言恩情重大。

点评

　　此信的主旨与前一封相近，都是表达对诸大绶的感恩之情。徐渭入狱后，积极营救的人不少，但议论纷纷、冷眼旁观的人居多，也不乏欲置之死地的人，"以舌为刀，岂乏其徒？"（《徐文长三集》卷二十八《哀诸尚书辞》）以徐渭的性格，平日得罪的人不在少数，由此更见救援并非易事，能全力救助的，是有"大菩萨"之心、具"猛担当"精神的人。前一封信侧重于写自己的困境，故极力自贬；这一封信主要称颂诸大绶的美德和恩情，遂极尽赞美。以诸大绶的身份，能对徐渭真诚关心，确实难得，所以徐渭的感激之情也是发自内心的。

谢岑府公赐席 小谷〔一〕

自罹网罟〔二〕，甘伏烹庖〔三〕，何意任使之余〔四〕，遽有几筵之彻〔五〕。第缘桎梏〔六〕，久困渴饥。荣赐食而先尝，何暇从容于正席〔七〕；盼全李而思咽，惟知匍匐于往将〔八〕。追惟古昔之翳桑，莫酬宣子〔九〕；永矢他年之结草，窃比老人〔一○〕。

《徐文长三集》卷十五，明万历二十八年商浚刻本

注释

〔一〕岑府公：绍兴知府岑用宾，字允穆，号小谷，广东顺德人。嘉靖三十八年（1559）进士，授衢州推官，补池州，擢南京吏科给事中，出为绍兴知府，复谪陕西宜川县丞。著有《小谷集》。

〔二〕罹：遭受。网罟（gǔ）：捕鱼及捕鸟兽的网，此指法网。

〔三〕烹庖：烹煮。此指自己任人宰割，有性命之忧。

〔四〕任使：差遣，此指岑用宾委托自己作郡学记。

〔五〕遽有几筵之彻：古人在筵席结束时，有时会把剩下的菜分赏给人。这里指岑用宾送菜给自己。遽，忽然。几筵，

筵席。彻,通"撤",撤去。

〔六〕第:只是。缘:因为。桎梏(zhìgù):刑具,脚镣和手铐,此指身在狱中。

〔七〕荣赐食而先尝,何暇从容于正席:此言自己以得到赐食为荣,刚送来就开始吃了,来不及讲究礼仪。《论语·乡党》:"君赐食,必正席先尝之。"正席,摆正座位。

〔八〕盼全李而思咽,惟知匍匐于往将:《孟子·滕文公下》:"匡章曰:陈仲子岂不诚廉士哉?居於陵,三日不食,耳无闻,目无见也。井上有李,螬食实者过半矣,匍匐往,将食之,三咽,然后耳有闻,目有见。"此句用陈仲子食李的典故,表明自己急不可耐地吃岑用宾送的菜。盼,看。

〔九〕追惟古昔之翳桑,莫酬宣子:春秋时晋国卿大夫赵盾在首阳山打猎,住在翳桑,遇到受饿的灵辄,就给了他食物。后来灵辄成为晋灵公甲士。晋灵公想杀赵盾,灵辄倒戈相卫,赵盾得以逃脱,问其姓名及居处,灵辄没有回答就走了。见《左传·宣公二年》。此句以岑用宾比赵盾,惭愧自己不能像灵辄那样报答恩情。追惟,追忆,回想。翳桑,古地名。酬,报答。宣子,即赵盾(前655—前601),赵衰之子,谥号宣。

〔一〇〕永矢:发誓永远要做某事。矢,通"誓"。结草:见前《启诸南明侍郎之一》注释〔一五〕。老人:结草故事中魏武子宠妾的父亲。此句言自己终将报答岑用宾。

点评

　　这是徐渭写给绍兴知府岑用宾的一封感谢信。岑用宾为人刚直，隆庆元年（1567），曾参劾阁臣高拱。隆庆二年，由南京吏科给事中调任绍兴知府。第二年开始修治郡学，于隆庆四年秋八月落成。岑用宾请还在狱中的徐渭作《修郡学记》（《徐文长逸稿》卷十九），并送菜给徐渭，以示犒劳。岑知府的信任和犒劳，对身处牢中、生死未卜的徐渭来说，是一种莫大的肯定与安慰。徐渭十分感动，写了这封谢启。

　　徐渭写此信时，已经下狱四年多了。古代监狱中环境极其恶劣，往往空间狭小，阴暗潮湿，不见天日，何况徐渭还枷锁在身。隆庆元年，沈炼的儿子沈襄来狱中探望徐渭，看到徐渭的模样是"抱梏就挛，与鼠争残炙，虮虱瑟瑟然宫吾颠，馆吾破絮"（《徐文长三集》卷十九《送沈君叔成序》），无比凄惨。对于身处如此恶劣环境的徐渭来说，几道好菜都是极为难得的。所以岑用宾只是送了几道菜，徐渭就以结草衔环作比，发誓一定要报答，令人心酸。此信虽短，但几乎句句用典，随手拈来。徐渭敏捷的才思，没有被令人窒息的牢狱生活所消磨，实属罕见。

谢朱金庭内翰[一]

询诸归友，既悉高情[二]；捧及华缄[三]，复含余意。辟如病者闻药香而便有痊想，但恐弱草先朝露而未由承施[四]。云霓互见[五]，同是天心[六]；荣悴攸分[七]，付之物理[八]。惟是无形之感，真同罔极之天。陈谢微缄[九]，悚惭无地。

《徐文长三集》卷十五，明万历二十八年商浚刻本

注释

〔一〕朱金庭：朱赓（1535—1608），字少钦，号金庭，浙江山阴（今浙江绍兴）人。隆庆二年（1568）进士，选为翰林院庶吉士，授编修，升修撰。万历十六年（1588），升任礼部尚书兼翰林院学士。万历二十九年入阁，三十四年任内阁首辅。三十六年卒，赠太保，谥文懿。《明史》卷二百十九有传。内翰：翰林。

〔二〕高情：盛情，当指朱赓为救徐渭出狱而出力。

〔三〕华缄：对他人书信的敬称。

〔四〕"辟如病者"两句：谓自己听说朱赓施以援手，看到了希望，如同病人闻到药香就觉得有痊愈的可能；但又担

心自己在救援成功之前就支撑不住，如同弱草在得到露水的滋润之前就枯萎了。末由，无由。

〔五〕云霓：云和虹。"云霓"或为"虹霓"之误。虹霓，即虹蜺，常有内外二环，内环叫虹，也叫正虹、雄虹；外环叫蜺，也叫副虹、雌虹。洪兴祖《楚辞补注》引郭璞注《尔雅》云："雄曰虹，谓明盛者；雌曰蜺，谓暗微者。"这里指自己与朱赓之间地位高低悬殊。

〔六〕天心：天意。

〔七〕荣悴：荣枯。攸：所。

〔八〕物理：自然之理。

〔九〕微缄：对自己书信的谦称。

点评

这是徐渭在狱中写给朱赓的感谢信。朱赓是徐渭的同乡，于隆庆二年（1568）考中进士，选为翰林院庶吉士。此信当作于隆庆二年朱赓进翰林院之后，隆庆六年（1572）徐渭出狱之前。徐渭从他人处得知朱赓曾出力相救，又收到朱赓的信札，因此回复此信。

信中表达了对朱赓的感激之情，同时流露出对命运不公的无奈感。徐渭和朱赓在绍兴均有才名，朱赓科举仕途一帆风顺，而徐渭不仅功名不遂，还身陷囹圄，生死未卜，不禁让人感叹造化弄人。短短数句，传递出自怜自艾、悲苦忧伤的情绪。

与商燕阳〔一〕

犬马一待烹燖〔二〕，遂为丈喉舌累〔三〕。会稽学师致书道其详〔四〕，感而继之以惭，非为儿女态也〔五〕。回思下石者，故益增愧耳。仰赖德嘘〔六〕，近稍离镬汤〔七〕，但薄命之人，未量究竟如何，幸终庇也。丈一飞冲天，侪辈生色〔八〕，图候者两年〔九〕，封缄再坏而始达里，以知囚之难矣。小诗书恶，扇略寄。区区临楮〔一〇〕，曷胜怅然！

《徐文长佚草》卷八，清初徐沁辑息耕堂抄本

注释

〔一〕商燕阳：商为正（1527—1602），字尚德，号燕阳，浙江会稽（今浙江绍兴）人。隆庆四年（1570）举人，隆庆五年进士，万历二年（1574）任刑部主事，官至大理寺左少卿。

〔二〕犬马：徐渭自称，自谦之辞。烹燖（xún）：烧煮，此指自己下狱受难。

〔三〕为丈喉舌累：商燕阳曾为徐渭案子说项，故云。丈，对对方的尊称。

〔四〕会稽学师：会稽县学学官。致：原作"至"，据文意改。

〔五〕儿女态：儿女间表现的依恋、忸怩的情态。

〔六〕德：恩德。嘘：吹气，此指商燕阳为救助徐渭而帮他说话。

〔七〕镬（huò）汤：古代一种酷刑，即把人投入烧着开水的锅中烫死。

〔八〕侪（chái）辈：同辈，朋辈。生色：有光彩。

〔九〕图候：意图问候。

〔一〇〕区区：自称的谦辞。楮（chǔ）：纸。

点评

此是徐渭在狱中写给商燕阳的信。信中写商燕阳"一飞冲天"，应指他考中举人或进士。商燕阳少时成名，但屡次参加科考不中，直到隆庆四年（1570）四十四岁时中举人，次年中进士。商燕阳中举人或进士时，徐渭还在狱中，"两年"后徐渭才收到商燕阳的来信，于是写了这封回信。此信写作时间应为隆庆六年（1572）或万历元年（1573）。徐渭于隆庆六年除夕被保释出狱，万历三年才被正式释放，获得自由。书信若作于隆庆六年，言自己"稍离镬汤"指免于死刑；若作于万历元年，"稍离镬汤"指保释出狱，"未量究竟如何"指案子未了结，不知最终结果。

绍兴是人文荟萃之地，宋明清时期一直是科举人才最集中的地区之一。仅在与徐渭同时并与他有交往的人当中，沈炼、张天复、吴兑、商为正、朱赓、朱南雍等都考中进士，诸大绶、张元忭更是高中状元。徐渭早有才名,却连一个举人都考不上,最后还落到下狱待死、逢人乞怜的地步。巨大的落差,毫无疑问会对他的心理造成强烈冲击。在写给这些人的信中,除了书面上可见的感激涕零和自贬自责的卑微外,是深沉无比的悲哀。

上新乐王启[一]

山人某顿首顿首[二]，谨奏记新乐殿下[三]。伏念某陪骖作赋[四]，本无梁苑之才[五]；下狱上书，乃有吴宫之厄[六]。逡巡解网[七]，憔悴非人，偃蛰自幽[八]，乡间不齿[九]。

恭惟殿下，秉陈思曹氏之丽藻[一〇]，兼河间献王之大贤[一一]，侍飞盖者岂止应、刘[一二]，登秘函者悉皆经史[一三]，宜其高视一世，卑俯百家。顾复远揽之余，不遗蒡菲[一四]，文石之宠[一五]，重以珠玑[一六]，出袖迸霞[一七]，入齿飞雪[一八]。是诚东海之上，与员峤而争奇[一九]；西苑之滨，偕芙蓉而并逸者也[二〇]。

矧以二生颂述[二一]，五夜欢娱[二二]，谐笑所及，风雨杂陈[二三]，挥洒不停，骅骝失骤[二四]。野人闻此[二五]，益复靡然[二六]，遥想高风，便欣授简[二七]。顾兹修路，曷由裁营[二八]，谨布尺书[二九]，托诸鱼腹[三〇]，兼呈小刻[三一]，真愧虫雕[三二]。

《徐文长三集》卷十五，明万历二十八年商浚刻本

注释

〔一〕新乐王：新乐康宪王朱载玺，明宪宗之子衡王朱祐楎之孙，新乐王朱厚燀之子，嘉靖三十六年（1557）袭封，万历二十一年（1593）薨。

〔二〕山人：山居者，多指隐士，士人多用为雅号。徐渭自称"天池山人"。

〔三〕奏记：汉代下官言事于上级的文书称奏记，后泛指地位在下者给地位在上者写文书。

〔四〕陪骖作赋：此指陪伺贵人之旁，并为之作诗词歌赋。陪骖，古代乘车，一车三人，尊者在左，驭者居中，陪乘者居右，又称骖乘、车右。

〔五〕梁苑之才：梁苑，又称兔园，西汉梁孝王所建的东苑，方三百余里，供游赏驰猎。梁孝王招延四方文士，枚乘、严忌、邹阳、司马相如等均为座上客。见《史记》卷五十八《梁孝王世家》。

〔六〕下狱上书，乃有吴宫之厄：邹阳（约前206—前129），临淄（今山东淄博）人，西汉文学家。初为吴王刘濞门客，吴王阴谋叛乱，邹阳谏而不听，于是与枚乘、严忌等改投梁孝王门下。后被人诬陷入狱，在狱中上书梁孝王。梁孝王看后，将其释放，并尊为上宾。邹阳"下狱上书"在梁国，不在吴国。此句意谓自己曾因杀妻下狱。

〔七〕逡（qūn）巡：时间短暂。解网：指出狱。

〔八〕偃蛰自幽：指出狱后闭门不出。

〔九〕乡间：同乡邻里。不齿：不愿与之同列。

〔一〇〕陈思曹氏之丽藻：陈思曹氏，指曹植，字子建，曹操之子，曾为陈王，谥号思，世称陈思王。曹植才华横溢，钟嵘《诗品》称其诗"骨气奇高，词彩华茂。情兼雅怨，体被文质。粲溢今古，卓尔不群"。

〔一一〕河间献王之大贤：河间献王，指西汉刘德，汉景帝之子，被封为河间王，谥号献。刘德修学好古，实事求是，从民间得善书，必精心誊写，以抄本归原主，而留其真本，并以重金酬谢。由此贤名远扬，有祖传旧书者不远千里，竞相献书。

〔一二〕飞盖：快速飞驰的车。盖，车盖。"侍飞盖"与上文"陪骖作赋"，都是指担任文学侍从之职。应、刘：汉末建安七子中的应玚、刘桢，二人均为曹操父子的文学侍从，后用以泛称宾客才人。

〔一三〕登秘函者悉皆经史：意谓新乐王所收藏的文献，都是经史之类的重要著作。

〔一四〕葑菲：芜菁和菖，二者的叶与根皆可食，但根有时略带苦味，人们会因其根苦而弃其叶。后以"葑菲"为自感鄙陋之谦辞。《诗经·国风·谷风》："采葑采菲，无以下体。"

〔一五〕文石：有纹理的石头，此指新乐王所赠鼂矶研。

〔一六〕重（chóng）：加上。珠玑：珠宝，此指新乐王所赠诗。

〔一七〕出袖迸霞：谓新乐王所赠鼂矶研，从袖中一拿出来，就迸射出彩霞般的光芒。

〔一八〕入齿飞雪：谓新乐王所赠诗，一吟咏，就如同天上飞雪，令人神清气爽。

〔一九〕东海之上，与员峤而争奇：此以新乐王所赠鼍矶研比作海上仙山。员峤，古代传说中海上五仙山之一。《列子·汤问》："渤海之东不知几亿万里，有大壑焉……其中有五山焉：一曰岱舆，二曰员峤，三曰方壶，四曰瀛洲，五曰蓬莱。"

〔二〇〕西苑之滨，偕芙蓉而并逸：谓新乐王所赠诗像曹丕等人的诗作一样超逸。西苑，东汉末，曹操被封为魏王，建王都于邺城（今河北临漳），在城西北铜雀台之东建铜雀苑，又名西苑，曹操与邺下文人经常在此吟诗作赋饮宴唱酬，苑中有芙蓉池。曹丕作有《芙蓉池作》一诗，其他诗人如曹植、刘桢等亦有同类作品。

〔二一〕矧（shěn）：况且。二生：指奉新乐王之命，寄送鼍矶研及赠诗的两人。徐渭《新乐王寄鼍矶石，副以诗，赋答》诗中夹注"是两生寄来"。颂述：赞颂叙述，此指二生来信中对新乐王处情况的描述。

〔二二〕五夜：五更。古代一夜分甲、乙、丙、丁、戊五段，用鼓打更报时，称五更、五鼓或五夜。也可特指戊夜，即第五更。

〔二三〕谐笑所及，风雨杂陈：此言新乐王与宾客五更欢娱，谈笑风生，有如风雨。

〔二四〕挥洒不停，骅骝失骤：意谓新乐王与宾客吟诗作赋,才思敏捷,速度连骏马也赶不上。骅骝,周穆王八骏之一,泛指骏马。

〔二五〕野人:徐渭谦称。

〔二六〕靡然:草木顺风而倒貌,此喻倾慕。

〔二七〕授简:给予简札,谓嘱人写作。语出南朝宋谢惠连《雪赋》:"梁王不悦,游于兔园……授简于司马大夫,曰:'抽子秘思,骋子妍辞,侔色揣称,为寡人赋之。'"此指徐渭给新乐王回赠和诗。

〔二八〕裁营:剪裁缝制,此指构思修改。

〔二九〕尺书:信札。古代用木牍写信,牍长一尺,故称尺牍。后用绢帛写信,因称尺素。

〔三○〕托诸鱼腹:指寄信。古有鲤鱼传书之说。古乐府《饮马长城窟行》:"客从远方来,遗我双鲤鱼。呼儿烹鲤鱼,中有尺素书。"

〔三一〕小刻:指徐渭自己的诗文集刻本。

〔三二〕虫雕:谦称自己的作品是雕虫小技,没什么价值。扬雄《法言·吾子篇》:"或问:吾子少而好赋。曰:然,童子雕虫篆刻。俄而曰:壮夫不为也。"

点评

徐渭入狱后,经张天复、张元忭、诸大绶、朱赓、徐贞明、沈明臣、俞咨等人大力营救,于隆庆六年(1572)除夕保释出狱。徐渭在出狱后不久,收到封于青州的新乐王朱载玺命人寄送的砚台和赠诗。朱载玺"博雅善文辞"(《明史》卷一百十九),著有《洪武圣政颂》《皇明政要》等书。明代的宗室虽说没有多大的实际权力,但地位还是很高贵的。朱载玺给徐渭赠砚台和诗,是为了表现自己礼贤下士,笼络文人,扩大自己的声誉,但也表明他对徐渭人品才华的认可。而这正是刚逃离牢狱之灾的徐渭极其需要的。徐渭很感激,写了这封信,并回赠两首诗《新乐王寄鼍矶石,副以诗,赋答》《青州赠鼍矶研,副以诗,奉答》(《徐文长三集》卷七)。

因为写信的对象是王室,且徐渭与新乐王并不熟悉,因此这封信写得非常郑重,文采华丽,且用典精妙,十分契合新乐王的王室身份。

致骆五文学〔一〕

脱驴鼓枻〔二〕，比入闾〔三〕，正梧桐月上矣。缅怀连日胜游，山灵犹挂眼角，因捉笔记之，将以志千古一时，并以谢主人下榻良意不浅也〔四〕。小记并附〔五〕，斧正〔六〕。不宣〔七〕。

《徐文长佚草》卷八，清初徐沁辑息耕堂抄本

注释

〔一〕骆五：骆意，浙江诸暨人。文学：秀才的别称。

〔二〕脱驴：下驴。鼓枻（yì）：划桨，谓泛舟。《楚辞·渔父》："渔父莞尔而笑，鼓枻而去。"

〔三〕闾：里巷的门。

〔四〕下榻：客人住宿。典出《后汉书》卷五十三《徐稚传》："（徐稚）恭俭义让，所居服其德，屡辟公府，不起。时陈蕃为太守，以礼请署功曹，稚不免之，既谒而退。蕃在郡不接宾客，唯稚来，特设一榻，去则县之。"

〔五〕小记：指徐渭所作《游五泄记》。

〔六〕斧正：请人修改文章的敬辞。

〔七〕不宣：谓不一一细说，常用于书信末尾。

点评

徐渭出狱后,经常带着一帮门生游山玩水。万历元年(1573)春天,游若耶溪。万历二年十一月二十二日,又带着门人王图、吴系、马策等人去诸暨五泄游玩,历时十三天,作诗二十首。途中在枫桥骆意家住宿,骆意兄长怀远知县骆验也来招待徐渭一行(见《徐文长三集》卷二十三《游五泄记》)。徐渭回到山阴后,给骆意写了这封信,感谢骆家兄弟的款待。

徐渭此游非常愉快。骆意只是普通秀才,对徐渭也很敬重,所以徐渭写这封信就比较轻松自然,寥寥数语,笔调活泼。在对自己返程和平安到家过程的叙述中,捎带景物描写,加以点染,说自己回到家门口时,"梧桐月上",使人有置身其境之感;又说"缅怀连日胜游,山灵犹挂眼角",让人感同亲受。此信文笔极为灵动,传达出恢复自由、回到自然山水中纵情遨游的徐渭轻松快乐的心情。

与吴宣府环洲〔一〕

左右履寒涉远〔二〕，得无劳乎？拟候辄止，必能谅其真非简也〔三〕。生熟计，在内在外俱应不久〔四〕，惟延候春融以见〔五〕，不拂盛意耳〔六〕，故决意不再入。然自信硁硁小节〔七〕，在外即在内，故迹若恋外，而自不以为嫌，人亦信之，左右久当自知也。

岁暮新春当礼际时〔八〕，已拟徙避数日〔九〕。此外惟有拥炉拨火，与缁黄闲话沙场旧事耳〔一〇〕。惟蔚州炭多赐几块〔一一〕，是实惠也。

《徐文长三集》卷十六，明万历二十八年商浚刻本

注释

〔一〕吴宣府：吴兑（1525—1596），字君泽，号环洲，浙江山阴（今浙江绍兴）人。嘉靖三十八年（1559）进士，授兵部主事。隆庆五年（1571），擢右佥都御史巡抚宣府。万历四年（1576），升兵部右侍郎兼右佥都御史。五年总督宣大山西军务，九年以右都御史总督蓟辽保定军务兼巡抚顺天，十年进兵部尚书仍兼右都御史，十一年致仕。《明史》卷二百二十二有传。

〔二〕左右：用以称呼对方，表示尊敬，此指吴兑。

〔三〕简：怠慢。

〔四〕在内在外：在吴兑幕府内、幕府外。徐渭此时当不住在巡抚府中，故有在内在外之说。

〔五〕春融：春气融和。

〔六〕拂：违背。

〔七〕硁（kēng）硁：固执的样子。小节：小的气节。

〔八〕礼际：按礼节交往，以礼应接。

〔九〕徙避：离开，避开。

〔一〇〕缁（zī）黄：僧道。僧人穿缁衣，道士戴黄冠，故称。

〔一一〕蔚州炭：徐渭《许口北遗以绫、帛、绵三物，题曰袍具，作诗谢之》（《徐文长三集》卷七）题下注曰："诸边竞用蔚州之炭。"蔚州，今河北蔚县。

点评

万历四年（1576）四月，徐渭应宣府巡抚吴兑之招，作客吴幕，此时徐渭五十六岁。第二年春天离开宣府（治所在今河北宣化）到北京，同年八月回山阴。此篇及以下十篇，均为徐渭在宣府期间所作。此信写于万历四年岁末，徐渭已在吴幕半年多。

吴兑与徐渭是同乡，两人年龄相仿，意气相投。吴兑在嘉靖三十七年（1558）考中举人之前，也同徐渭一样科举不顺，"为诸生试，多不利"，但他个性激昂，豪爽自信，有谋略，"持论宏迈，人不能测"（陶望龄《歇庵集》卷十六《兵部尚书环洲吴公行状》）。

嘉靖三十四年，两人曾协力制服横行乡里的官兵（见《徐文长三集》卷十九《赠吴宣府序》），彼时徐渭三十五岁，吴兑三十一岁。

吴兑自嘉靖三十八年中进士后，官运亨通，由兵部主事一路扶摇直上，历兵部武选司郎中、湖广参议、河南参议、蓟州兵备副使，至隆庆五年（1571）秋，升至右佥都御史巡抚宣府，成为方面大员。《明史》评其"释褐十三年得节钺，前此未有也"（卷二百二十二）。徐渭写此信时，吴兑已升至兵部右侍郎巡抚宣府，而徐渭刚脱离阶下囚的身份没多久（于隆庆六年除夕被保释出狱，万历三年才被正式释放），已被革去生员籍。生员的身份虽不高，却是进入仕途的基本资格。要想获得起码的做官资格，最常见的是生员参加乡试，考中举人；或者特别优秀的生员选拔为贡生；或者上代有功勋，蒙恩赏为荫生。徐渭被革去生员籍，也就意味着与仕途无缘。出狱后的徐渭穷困潦倒，之所以愿意入吴兑幕府，也是为生计所迫。

虽然两人地位判若云泥，徐渭在信中并无半点拘谨，直言自己马上要离开吴幕，还主动向吴兑索要蔚州炭，语气轻松随意。一来因为与吴兑是旧相识，少年时的朋友，彼此熟悉，无需客套；二来因为吴兑性格豪爽，自然不会在意；三来徐渭此时已完全放弃追求功名富贵的希望，用不着再小心翼翼，看人眼色。徐渭在吴幕时，吴兑对他很不错，但半年多后他还是决定辞幕。原因多半在于徐渭的自尊心。论才华，徐渭在吴兑之上，但人生遭际却天壤之别。如今寄人篱下，在老友门下打秋风，还是让他难堪。

同样是表达辞幕之意，相比于写给胡宗宪、李春芳的书信，有明显不同。徐渭对胡宗宪是敬畏，在胡幕时"百辞而百縻"（《徐文长三集》卷十九《抄小集自序》),之所以被"縻",有敬的成分,也有畏的成分;对李春芳,则是罗列"五不可",急于逃离;而对吴兑,直接表明心迹,没有过多解释。

与许口北[一]

昨漫往观煅[二]，因伫柳下，思叔夜好此[三]，久之不得其故，遂失候二公高盖[四]，悚惶悚惶。公与群公并膺贺典[五]，生野人耳，以不贺为贺。承命作启与联[六]，奉上，猥耳[七]，抹却掷却[八]。

《徐文长三集》卷十六，明万历二十八年商濬刻本

注释

〔一〕许口北：许希孟，万历三年（1575）任分守口北道兵备副使。口北兵备道负责防守的区域，主要是长城一线张家口以北地区。

〔二〕煅：打铁。

〔三〕叔夜：嵇康，字叔夜，三国时期曹魏文学家，"竹林七贤"之一。官中散大夫，世称"嵇中散"。不满司马氏集团的专政，后因钟会构陷而被司马昭处死，年四十。嵇康好锻，见《晋书》卷四十九《嵇康传》："（嵇康）性绝巧而好锻。宅中有一柳树甚茂，乃激水圜之，每夏月居其下以锻。"

〔四〕高盖：对他人车驾的敬称，借指显贵者。

〔五〕膺：受。

〔六〕启：书信。联：对联。

〔七〕猥：鄙陋。此是徐渭自谦之辞，称自己作的文章和对联拙劣。

〔八〕抹却掷却：涂抹完毕就扔在一边。

点评

徐渭在宣府期间，有过一阵快乐时光，四处游玩，参加聚会，饮酒赋诗。因徐渭是巡抚吴兑的老朋友，又有才名，宣府官员对徐渭甚是友好。徐渭在第二年春天离开宣府后不久，写了一首诗，回忆自己在宣府受到的热情招待，怀念之前相聚的美好时刻："一客宣城镇，真多地主良。停车松树下，投辖井中央。红烛筹枚满，苍毛麈话长。别来知几日，柳色满红墙。"（《徐文长三集》卷六《答谢上谷诸公》）在这些宣府官员中，口北道兵备副使许希孟是与徐渭交情较深的一个。徐渭除了与许希孟有不少书信往来外，还为他写了好几首诗，如《画笋遗许口北》《画笋竹贺许口北得子》《写竹答许口北年礼》《许口北遗以绫、帛、绵三物，题曰袍具，作诗谢之》（《徐文长三集》卷十一、卷十一、卷十、卷七）等。

这封短札是徐渭写给许希孟的一封致歉信。从信中内容大致可知写此信的原委：许希孟一众人等受到朝廷封赏。他与另一官员到徐渭住所看望徐渭，碰巧徐渭不在。第二天徐渭写此信做解释，并送上许希孟托他写的启和对联。

徐渭解释自己不在家的原因，是因为出门看人打铁，想到魏晋之际的名士嵇康，纳闷嵇康为何有此爱好，在柳树下思索了半天，因而错过两人到访。嵇康博洽多闻，个性洒脱，不拘礼法。他爱好打铁，宅中有一棵枝叶茂盛的柳树，夏天就在柳树下打铁。一次司马氏的心腹之臣钟会前去拜访，嵇康只顾打铁，对钟会不予理睬，因而得罪钟会，为日后被其构陷埋下祸患。徐渭在此未必自比嵇康，但无疑很欣赏他。一千多年前的名士嵇康在柳树下打铁，一千多年后的书生徐渭在柳树下沉思，遥相呼应，高傲、任诞、蔑视权贵的共同个性将二人联系到一起。

接着笔锋一转，写众人"并膺贺典"。众人庆贺受赏的热闹场景，与徐渭独自在柳树下遥想古人风采的超逸画面，形成对照，一闹一静，一俗一雅。在这种别有意味的对比中，显示出徐渭的自尊和孤傲。不禁让人觉得，"观煅"或许只是徐渭的一个借口，更大的可能是，众人得到朝廷赏赐、兴高采烈之时，他不想掺和，故意避开独处。接着又临机一转，说以"不贺为贺"，既巧妙别致地表达了祝贺之意，不至于得罪他人，又显示了自己不同凡庸的个性。结尾说自己写的书启与联不好，让许希孟"抹却掷却"，虽是自谦，但也透漏了一丝厌烦之意。

从此封短信也可见徐渭的语言功底，"漫往""观""伫""思"几个动词，就勾勒出一幅悠闲自在的动态画面，用语精炼。

答许口北

一言之加，温于挟纩[一]。纩复美矣，温当何如？第念诸所遗[二]，乃左右交于王公者[三]，以宠山人[四]，如逾分何？捧检拜嘉[五]，暖气满屋。以遵曩约[六]，却不遂候也[七]。

《徐文长逸稿》卷二十一，明天启三年张维城刻本

注释

〔一〕挟纩（kuàng）：披着棉衣。纩，丝棉。比喻受人抚慰而感到温暖。《左传·宣公十二年》："王巡三军，拊而勉之，三军之士皆如挟纩。"

〔二〕第：只是。念：想到。诸所遗（wèi）：各种所赠之物。遗，馈赠。

〔三〕左右：用以称呼对方，表示尊敬，此指许希孟。

〔四〕山人：见前《上新乐王启》注释〔二〕。

〔五〕捧检：收下礼物检看。拜嘉：拜领美好的心意。《左传·襄公四年》："《鹿鸣》，君所以嘉寡君也，敢不拜嘉？"

〔六〕曩（nǎng）约：旧日的约定。

〔七〕却不遂候：谓不去当面拜见表示感谢。

点评

许希孟送给徐渭一件棉衣和其他一些礼物，徐渭回信表示感谢。由常言的"一言之加，温于挟纩"说起，描写自己得到棉衣后倍感温暖，甚至"暖气满屋"，非常形象生动。全篇寥寥数语，以温暖为主题，十分契合棉衣这一礼物。最后说，根据我们前面的约定，我就不去当面感谢了，体现出相互信任的朋友之间不拘常礼的真挚友情。徐渭的回应既自然又真诚，许希孟看到此信，想必也会感到喜悦和温暖。

简许口北﹝一﹞

惭享我公分庖之惠﹝二﹞，令人每饭不下咽。顾无可仰答者﹝三﹞，聊作墨君一枝﹝四﹞，以见眇微﹝五﹞。欲陈情素﹝六﹞，益露酸寒。辟如锦绮满席，羔驼盈俎﹝七﹞，贵介王孙﹝八﹞，奕奕彬彬﹝九﹞，方以裘马相雄﹝一〇﹞，墙角忽出疏梅，不笑必厌矣。非公妙雅，宁易赏识耶？绝倒绝倒﹝一一﹞。

《徐文长逸稿》卷二十一，明天启三年张维城刻本

注释

﹝一﹞简：信札，此处作动词，给某人写信。

﹝二﹞分庖：将厨房里的食物分给他人。

﹝三﹞仰答：报答尊者。

﹝四﹞墨君：墨竹的雅称。

﹝五﹞眇（miǎo）微：细微，此指微不足道的回报。

﹝六﹞情素：亦作情愫，真情之意。

﹝七﹞羔驼：羊羔、骆驼。驼，通"驼"。此指各种山珍海味。俎（zǔ）：砧板。

﹝八﹞贵介王孙：贵族子弟。

〔九〕奕奕彬彬：精神焕发，文雅有礼。

〔一〇〕裘马：轻裘肥马，形容生活奢华。《论语·雍也》："赤之适齐也，乘肥马，衣轻裘。"雄：作动词，竞争称雄。

〔一一〕绝倒：前仰后合地大笑。

点评

到了年底，许希孟给徐渭送来丰厚的年礼，徐渭画了一幅竹子作为回礼，并附上此信。以墨竹回赠，未免寒酸，何况徐渭是把竹子画在"残拜帖"上（《徐文长三集》卷十《写竹答许口北年礼》），更显随意。但在这封信中，徐渭巧妙地将"酸寒"变为风雅。徐渭连用几个四字句作铺垫，想象许希孟等一群贵人在一起的豪奢场景，接着墙角疏梅映入眼帘，形成强烈对比，极具画面感和戏剧效果。再笔调顺势一转，说只有"妙雅"如许希孟者，才能欣赏这一支"疏梅"。徐渭以自嘲的口吻，既不失尊严地表达了自己的谢意和回礼寒酸的歉意，又巧妙地夸赞了对方，思路笔法灵动，富于机智和幽默感。

答许口北

公之选诗，可谓一归于正，复得其大矣。此事更无他端，即公所谓可兴、可观、可群、可怨一诀尽之矣〔一〕。试取所选者读之，果能如冷水浇背，陡然一惊，便是兴、观、群、怨之品，如其不然，便不是矣。然有一种直展横铺，粗而似豪，质而似雅，可动俗眼，如顽块大脔〔二〕，入嘉筵则斥，在屠手则取者〔三〕，不可不慎之也。鄙本盲于诗，偶去取，无甚异同于公。然有异同，亦恃公之知，不敢诡随也〔四〕，不妨更尔。惟子安《采莲》《长安》等篇涉艳者〔五〕，愚意在所必选，比之真西山《文章正宗》附李斯《逐客书》可也〔六〕，如何如何？

《徐文长三集》卷十六，明万历二十八年商浚刻本

注释

〔一〕可兴、可观、可群、可怨：兴，联想；观，观察；群，合群；怨，讥讽。语出《论语·阳货》："子曰：'小子，何莫学夫诗？诗，可以兴，可以观，可以群，可以怨。迩之事父，远之事君；多识于鸟兽草木之名。'"

〔二〕顽块大脔（luán）：形容那些看似冠冕堂皇，实质上很空洞的作品。顽块，硬土块。大脔，大块肉。

〔三〕入嘉筵则斥，在屠手则取者：意思是真正有判断力的人会排斥，而没有鉴赏能力的人会喜欢。

〔四〕诡随：不顾是非而妄随人意。《诗经·大雅·民劳》："无纵诡随，以谨无良。"

〔五〕子安：王勃，字子安，与杨炯、卢照邻、骆宾王以诗文齐名，并称"初唐四杰"。《采莲》：王勃所作的《采莲曲》。《长安》：当指卢照邻作的《长安古意》。

〔六〕真西山：真德秀（1178—1235），世称西山先生，南宋理学家。《文章正宗》为真德秀编的理学文章选集。李斯：秦朝政治家、文学家、书法家。《逐客书》：李斯所作的《谏逐客书》，是古代散文名篇。

点评

这封信是表现徐渭文学思想观念的重要文献。在徐渭看来，只有表达真情实感、具有较高的艺术技巧和强烈的感染力的作品，才是好作品。那些标榜正统思想的作品，不一定有什么价值。这一见解，体现了徐渭作为一个天才的文学艺术家对文学艺术本质特征的深刻认识，也具有鲜明的时代色彩。徐渭是晚明倡导反映真实日常生活、表达真情实感文学主张的先驱人物，本篇是这一文学潮流中具有标志性的言论。

徐渭对许希孟所作的诗歌选本不太满意，直言不肯"诡随"。总结起来有两点，一是选的作品不好，二是好的作品不选。对入选的"顽块大脔"类作品，徐渭建议删去。而像《采莲曲》《长安古意》之类的诗歌，文采华美、写情生动，因而不被正统认可，也就不在许希孟的选择范围内，徐渭却认为是"在所必选"。为了给许希孟一个台阶下，徐渭以《文章正宗》附《谏逐客书》的例子做参照，意谓李斯的思想不同于儒家的正统思想，但像《文章正宗》这种标榜思想正宗的选集，也不能忽略《谏逐客书》这样的名篇，将其附在后面。那么对许希孟来说，收录《采莲曲》之类的诗歌，也未尝不可。

答王口北〔一〕

以韦贱仰交王公〔二〕，恐涉非分，是以宁甘疏外〔三〕。野客清寒〔四〕，僧厨斋寂〔五〕。承此食肉之盛惠，得免瘦癯〔六〕；因思无竹之雅言〔七〕，形诸图画。惟公超雅，谅不揶揄〔八〕。停笔以思，扪心知感〔九〕。

《徐文长逸稿》卷二十一，明天启三年张维城刻本

注释

〔一〕王口北：口北道王姓长官，名字事迹不详。

〔二〕韦贱：韦布之贱的省称。韦布即韦带布衣，没有装饰的皮带及布制的衣服，为古代贫贱者所服，故称。

〔三〕疏外：疏远见外。

〔四〕野客：山野之人，徐渭自称。

〔五〕僧厨：寺院的厨房。将自家厨房称作僧厨，意谓自己饮食如僧人一般素淡清苦。

〔六〕瘦癯（qú）：清瘦。

〔七〕无竹之雅言：《世说新语·任诞》："王子猷尝暂寄人空宅住，便令种竹。或问：'暂住何烦尔？'王啸咏良久，直指竹曰：'何可一日无此君！'"苏轼《於潜僧绿筠轩》："可

使食无肉,不可居无竹。无肉令人瘦,无竹令人俗。人瘦尚可肥,俗士不可医。"

〔八〕谅:料想。揶揄(yéyú):嘲笑,讥讽。

〔九〕扪(mén)心:摸着胸口。

点评

王口北给徐渭送了一些食物,徐渭画了一幅竹子回赠,并写了这封短札。徐渭用王徽之不可无竹的典故,为自己画竹相赠找到依据,同时又赞美王口北是高雅之人,以这种方式巧妙地表达谢意。徐渭无权无财,只有写诗绘画的才能在身。每次收到达官贵人馈赠的各种礼物,只能画一梅一竹回赠。这是一个天才艺术家能够回报别人、维护自己尊严的唯一方式。

答李独石之一〔一〕

公威名赫然,仆亦思一仰挹〔二〕。顾兹行以山水撩人而然〔三〕,冠盖尊严〔四〕,似非芒竹可接〔五〕。俟他日转镇敝省〔六〕,或当纳履曳裾于油幢间也〔七〕。道里修阻,致馈腆多〔八〕,不胜感荷。

《徐文长逸稿》卷二十一,明天启三年张维城刻本

注释

〔一〕李独石:宣府镇北路独石马营参将,姓李,名字不详。独石,在今河北赤城县北独石口。

〔二〕仰挹:恭敬地领受风采,指见面。

〔三〕顾:然而。以山水撩人而然:意谓此行是受山水美景的吸引来游览的。

〔四〕冠盖:指官员的冠服和车乘,借指官员,此指李独石。尊严:尊贵威严。

〔五〕芒竹:芒鞋竹杖,借指微贱之人,此指徐渭自己。

〔六〕镇:镇守某地。明代将各战略要地设为军镇,分派将领把守。敝省:指浙江省。

〔七〕纳履:穿鞋。曳裾(jū):拖着衣襟。《汉书》卷

五十一《邹阳传》:"饰固陋之心,则何王之门不可曳长裾乎?"指在权贵门下做食客。油幢:油布帐幕,指代将帅幕府。

〔八〕馔(zhuàn):饮食。腆(tiǎn):丰厚。

点评

这是徐渭在宣府期间写给独石马营参将李某的书信。李某邀请徐渭前去会面,徐渭称自己此行的主要目的是游览山水,又称贵贱有别,予以拒绝。但这样未免过于生硬,于是他又留下一句话,说李某将来如果调到浙江镇守,则自己或许能与他相见,甚至为他效力,这就留有余地了。而且李某如果真调任浙江,一般都是升迁,这样说,李某就比较高兴了。

答李独石之二

仆每从书册中，慨慕古之名将而不可见，往往兀坐叹息者移时〔一〕。况近在六十里间，兼以敦说诗书礼乐〔二〕，为儒党中白眉者哉〔三〕。再招而不敢造者〔四〕，是必有说存于其间也，可以默会，仰乞亮原〔五〕。仆之扫门〔六〕，岂无日耶？

《徐文长逸稿》卷二十一，明天启三年张维城刻本

注释

〔一〕兀坐：端坐，独自静坐。移时：超过一个时辰。古时一昼夜分十二时辰，一个时辰为两小时。

〔二〕敦说（yuè）：即敦悦，尊崇，爱好。说，通"悦"。

〔三〕白眉：《三国志·蜀志·马良传》："马良，字季常，襄阳宜城人也。兄弟五人，并有才名，乡里为之谚曰：马氏五常，白眉最良。良眉中有白毛，故以称之。"后因以白眉指兄弟或侪辈中的杰出者。此指李独石。

〔四〕造：到。

〔五〕亮原：原谅。

〔六〕扫门：《史记》卷五十二《齐悼惠王世家》："及魏

勃少时，欲求见齐相曹参，家贫无以自通，乃常独早夜扫齐相舍人门外。相舍人怪之，以为物，而伺之，得勃。勃曰：愿见相君，无因，故为子扫，欲以求见。于是舍人见勃曹参，因以为舍人。"后以"扫门"为求谒权贵的典故。

点评

李独石再次邀请徐渭，徐渭再次拒绝。上次以游览山水、贵贱有别为托词，这次只好说实话，是有缘由在其间，但具体缘由是什么，徐渭仍不便明说，他相信李某能明白。估计是因为边关将领之间关系复杂，徐渭不愿卷入其中。尽管徐渭更明确地拒绝了李某，但他仍没有把话说绝，而是先将李某夸了一番，称他文武双全，可与古代名将媲美。又说将来如果有机会，还是有可能为李某效劳。徐渭作为一介书生，游走于边关将领之间，一方面要保持自己的人格尊严，一方面也要步步小心，谁都不能得罪。

与陈戚畹〔一〕

曩所沐〔二〕，非言可尽，书至推奖〔三〕，又非鄙劣所可当。明春当入关，与左右翱翔囿榭之间〔四〕，更挹懿美也〔五〕。小草奉记室求教〔六〕。不具〔七〕。

《徐文长逸稿》卷二十一，明天启三年张维城刻本

注释

〔一〕陈戚畹（wǎn）：陈姓外戚，官锦衣。戚畹，外戚，皇后家族的亲戚。

〔二〕曩：从前。沐：受恩泽，蒙受。

〔三〕推奖：推崇夸奖。

〔四〕左右：用以称呼对方，表示尊敬，此指陈戚畹。

〔五〕挹（yì）：取，受。懿美：美好。

〔六〕小草：指徐渭所作赠序《赠戚畹锦衣陈君序》（《徐文长逸稿》卷十四）。记室：门下秘书人员。不说直接交给他，而说交给他的记室，是表示客气尊敬的说法。

〔七〕不具：不一一详说，书信末尾常用语。

点评

　　此为万历四年（1576）徐渭在宣府时回复陈姓外戚的书信。据徐渭《赠戚畹锦衣陈君序》，陈某为"世庙戚"，即明世宗的外戚。世宗第一位皇后陈氏，父为陈万言，封泰和伯。嘉靖七年（1528），陈皇后触怒世宗，惊悸而死（《明史》卷一百十四《后妃列传》）。陈万言于嘉靖十四年卒，子不得袭封爵位（《明史》卷一百八《外戚恩泽侯表》）。此陈戚畹，应为陈万言的子孙。

　　徐渭是个傲气的人，或许因为一直不得志，特别看重他人的尊重。陈戚畹在信中对徐渭推崇备至，徐渭回复此信，并奉上所作文《赠戚畹锦衣陈君序》。徐渭还为其作诗《竹楼篇为陈戚畹》（《徐文长逸稿》卷三）。从赠序内容可知，陈戚畹身为皇亲国戚，却能对徐渭以礼相待，这应该是徐渭与之结交的主要原因。据该赠序文，陈戚畹曾多次在自己府第中盛情款待徐渭等人，不排除陈某为了求得徐渭的诗文，还给他送上了可观的钱物。对徐渭来说，作为一个落魄书生，能与陈戚畹交往，有面子有实惠，他虽不看重这些，但也不一定要拒绝。对陈戚畹来说，破费一点钱财，就能得到徐渭这样的著名文人推奖自己的诗文，附庸风雅，抬高身价，也是求之不得的好事。

与朱翰林〔一〕

日者于某人书见公及某之言〔二〕，似以某有意自外于门墙〔三〕，而高自矜匿〔四〕，不令人望其颜色。某不惟不能辨，且不敢。然有一言焉以献，又似以戆公〔五〕，而实非也。某往岁客南都〔六〕，初亦不敢先谒一巨翁，巨翁虽不言，似不能忘者。其后巨翁者惟病某往谒之勤，而避之不暇矣。是以愿公且姑待，行见翁之避某，而厌见某之颜色也。

入上谷〔七〕，得樵歌十首，敬以尘〔八〕。声音之陋如此〔九〕，颜色从可知矣。

《徐文长逸稿》卷二十一，明天启三年张维城刻本

注释

〔一〕朱翰林：朱赓，见前《谢朱金庭内翰》注释〔一〕。
〔二〕日者：近日。及某之言：涉及我的言论。
〔三〕自外：主动见外，保持距离。门墙：门下，此是徐渭谦虚的说法。《论语·子张》："夫子之墙数仞，不得其门而入，不见宗庙之美，百官之富。得其门者或寡矣。"

〔四〕矜匪：矜持自负，不与人来往。

〔五〕戆（gàng）：冒犯，冲撞。

〔六〕南都：南京。

〔七〕上谷：今河北省怀来县一带。

〔八〕尘：尘目之意，谓读徐渭呈上的樵歌，使朱赓眼睛蒙灰，是徐渭自谦之辞。

〔九〕声音：此指樵歌。

点评

徐渭在狱中时，朱赓曾施以援手。万历四年（1576），徐渭应吴兑之招来到宣府，此时朱赓任翰林院修撰。宣府距离北京不远，但徐渭没有去拜望朱赓，也没有书信问候。朱赓对人提起此事，流露出不满情绪。徐渭得知这一情况后，给朱赓写了这封信，解释原因。

徐渭与朱赓的父亲朱公节、岳父陈鹤同为"越中十子"，彼此有交往。且徐渭在狱中时，朱赓也曾出力救援。徐渭北上却不问候朱赓，于情理不合。此时徐渭处于比较被动的境地，他在信中以自己在南京与一大人物交往的经历，说不怕朱赓见不到自己，就怕将来朱赓怕见自己，巧妙幽默地化解了尴尬，缓和了气氛。末尾说自己呈上近日作的诗歌请教，又顺势说到，从诗歌之陋，可以想见自己现在面目之可憎，又巧妙回到见面的主题上。整封信以自嘲为主，但不卑不亢，不失尊严。善于自嘲的都是有智慧且自信的人。

　　徐渭在信中解释自己之所以没有主动联系朱赓，是怕朱赓会厌烦他。这肯定只是一个借口。此时他与朱赓的地位悬殊，徐渭很傲气，不愿主动与贵人交往，这是一个原因，但恐怕不是根本原因。徐渭更愿意交往的是，彼此意气相投、相互赏识的朋友，如他晚年与李如松这类武将交往甚密，而朱赓不在这类朋友之列。朱赓身为翰林，自诩清高，很难认同徐渭性格中疏狂的一面。而且朱赓前程似锦，与徐渭这样的人交往，说不定会招致物议。为朱赓的前途着想，徐渭也会对他敬而远之。

与马策之〔一〕

发白齿摇矣，犹把一寸毛锥〔二〕，走数千里道，营营一冷坑上〔三〕，此与老牯踉跄以耕〔四〕，拽犁不动〔五〕，而泪渍肩疮者何异？噫，可悲也！每至菱笋候〔六〕，必兀坐神驰〔七〕，而尤摇摇者〔八〕，策之之所也。厨书幸为好收藏〔九〕，归而尚健，当与吾子读之也。

《徐文长三集》卷十六，明万历二十八年商浚刻本

注释

〔一〕马策之：徐渭门生。

〔二〕一寸毛锥：毛笔。笔头长近一寸，形状似锥，故称。

〔三〕营营一冷坑上：坐冷坑上代人写文章，为生计奔走钻营。营营，往来奔波。坑，同"炕"。

〔四〕牯（gǔ）：俗指阉割过的公牛，亦泛指牛。

〔五〕拽：拉。

〔六〕菱笋候：菱角和笋成熟的季节。

〔七〕兀坐：端坐，独自静坐。

〔八〕摇摇：心神不定的样子。《诗经·王风·黍离》："行迈靡靡，中心摇摇。"

〔九〕厨：通"橱"。

点评

这是徐渭写给他的门生马策之的书信，或作于万历四年（1576）在宣府时期。

信一开头，用几个短句，勾勒了两幅图画。一幅是老翁笔耕图：一个白发老翁，手把一支毛笔，走千里路北上，坐在冷炕上为他人写应酬文章。一幅是老牛泣耕图：一头颤颤巍巍的老牛，拉着沉重的犁，跟跟跄跄前行，泪水打湿了伤痕累累的肩膀。老翁也罢，老牛也罢，都为了生存在辛苦挣扎。徐渭满腹才华，却还要在近花甲之年千里奔波，投靠昔日老友，寄人篱下，令人心酸。遥想春夏季节南方的宜人景色，以及菱角、竹笋等熟悉的美味食物，不禁心驰神往。来日回乡，与一帮友人和门生读书聊天，就是晚年的归宿了。

本文是徐渭尺牍和小品文中的名篇，历来被选频次非常高。没有亲身的深切体验，没有高超的文笔，写不出这种境况和感觉。自古以来，多少失意之人，直至晚年，身衰力疲，但为了生计，还不得不奔走于路途，俯仰由人，满怀无奈和悲凉。徐渭此文，能引发很多人的共鸣。

答吴宣镇〔一〕

儿以所惠〔二〕，权什一于京师〔三〕，自不得便去。而居食二事，迫之使来，复就荫于楩楠之一叶〔四〕，便当进谢旧恩，仆以形迹止之，谅不以为简也〔五〕。

寿作未免过诸公之眼〔六〕，谓须为吾儒立赤帜、入道语以张之〔七〕，故聊复效颦〔八〕，然不敢自以为是，故欲进而复止。惟高明裁酌〔九〕。

《徐文长逸稿》卷二十一，明天启三年张维城刻本

注释

〔一〕吴宣镇：吴兑，详见前《与吴宣府》注〔一〕。吴兑于万历五年（1577）四月升总督宣大山西军务，故称宣镇。

〔二〕儿：指长子徐枚，潘氏出，生于嘉靖二十四年（1545）。

〔三〕权：暂且，姑且。什（shí）一：指经商。出自《史记》卷四十一《越王勾践世家》："（范蠡）候时转物，逐什一之利。"

〔四〕就荫于楩楠之一叶：指受到吴兑庇护。楩（pián）楠，楩木和楠木，皆是贵重木材，比喻栋梁之材，此指吴兑。

〔五〕简：怠慢。

〔六〕寿作：应指徐渭为吴兑作的祝寿之文。未免过诸

公之眼：免不了会被众人看到。

〔七〕立赤帜：指树立榜样、典范、领袖人物。赤帜，红色的旗子。《史记》卷九十二《淮阴侯列传》："选轻骑二千人，人持一赤帜。"入道语：写进符合大道的话。张之：让它显得更高大。

〔八〕效颦：指不善模仿，弄巧成拙，自谦之辞。《庄子·天运》："故西施病心而矉其里，其里之丑人见而美之，归亦捧心而矉其里。其里之富人见之，坚闭门而不出；贫人见之，挈妻子而去之走。彼知矉美，而不知矉之所以美。"

〔九〕高明：指吴兑。裁酌：裁量斟酌。

点评

徐渭于万历五年（1577）春天离开宣府，寓于北京，八月回山阴。据信中内容，写此信时徐渭还在京中。又吴兑于当年四月升总督（《明神宗实录》卷六十一），故此信当作于万历五年四月至八月之间。

徐渭用在宣府为人作文字及字画所得的报酬，以及吴兑等人的赏赐，交给长子徐枚一起做生意。徐枚到了北京，理应去拜见吴兑，但徐渭可能是担心徐枚不知分寸，给吴兑添麻烦，所以叫他不要去，故写这封信向吴兑解释，以免他见怪。信中谈到为吴兑作寿文一事，可能是为吴兑祝寿之文，但更可能是受吴兑之托而作的为另一人贺寿之文。徐渭本来有自己作文章的原则，但考虑到这篇文章难免会被很多人关注，就不得不考虑他们的看法。他们按照俗套，一定会希望把被祝寿的人写成一个道德高尚、精通儒家学说的楷模，所以徐渭也不得不违背自己的意愿，照这个套路写。但因为是出于不得已，所以是否符合这种套路，徐渭也没有把握。徐渭无可奈何又心有不甘的神态，跃然纸上。

奉徐公书[一]

曩儿枚归自塞垣[二]，伏承推恩[三]，兼赐教示。捧诵之后，怀在袖中，出入既频，纸毛字退，而后归于箧笥[四]。迨于北上[五]，谓得更沾熏沐[六]，庶几桑榆[七]，而台下遂远承明[八]，失所依庇。某衰老荒塞[九]，无王粲、杜甫之才[一〇]，时既太平，又非避乱投安之比，徒腼颜毛颖[一一]，博十年粟藿[一二]，为羽衣入山一往不返之计[一三]。故低头沙漠，顾复踢翅而归[一四]。行道不省饥鹰，便谓得兔[一五]，悉虚声耳[一六]，猎者自知也[一七]。

《徐文长三集》卷十六，明万历二十八年商浚刻本

注释

〔一〕徐公：徐贞明，字孺东，江西贵溪人。隆庆五年（1571）进士，授山阴知县。万历三年（1575）选为工科给事中，因事被贬为太平府知事，赴任途中完成水利专著《潞水客谈》。万历十一年累迁至尚宝司司丞，十三年升尚宝司少卿。万历十八年卒。《明史》卷二百二十三有传。

〔二〕曩：以往，从前。枚：徐渭长子。塞垣（yuán）：

指北方边境地带。

〔三〕推恩：施恩惠于人。《孟子·梁惠王上》："故推恩足以保四海，不推恩无以保妻子。"

〔四〕篚筥：见前《上提学副使张公书》注〔一七〕。

〔五〕迨（dài）：等到。北上：徐渭于万历四年赴吴兑幕，从绍兴赶往宣府，故称北上。

〔六〕熏沐：恩泽。

〔七〕庶几：或许可以，表示希望或推测。桑榆：见前《又启三首之一》注〔二一〕。此句是希望在晚年有所收获的意思。

〔八〕台下：古时对人的尊称。承明：即承明庐，汉承明殿旁屋，为侍臣值宿之处。后代指入朝为官。徐贞明由工科给事中贬为太平府知事，远离京城，故云"远承明"。

〔九〕荒塞：昏聩闭塞。

〔一〇〕王粲（177—217）：字仲宣，东汉末年文学家，"建安七子"之一。曾因避长安董卓之乱，南依荆州刺史刘表。杜甫（712—770）：字子美，唐代诗人，晚年为避安史之乱，入蜀中依剑南节度使严武。

〔一一〕腼颜：犹厚颜。毛颖：毛笔的别称。因唐韩愈作寓言《毛颖传》，以笔拟人，而得此称。此句说自己卖文为生。

〔一二〕粟藿：泛指粮食。粟，谷子。藿，豆叶。

〔一三〕羽衣：道士或神仙所穿之衣，借指道士。

〔一四〕顾：但。跼翅：耷拉着翅膀，比喻颓丧无所作为的样子。

〔一五〕行道不省饥鹰，便谓得兔：路上的行人都不知道鹰正饿着，还以为它已经捕猎到兔子了。

〔一六〕虚声：假话。

〔一七〕猎者：指自己。

点评

这是徐渭写给徐贞明的信。信中提到自己"北上""低头沙漠"，当指万历四年（1576）四月赴宣府。又说自己"北上"之时，徐贞明"远承明"。按万历三年，徐贞明为工科给事中，御史傅应祯上疏批评朝政，首辅张居正因其疏中以王安石比自己，大怒，被下锦衣卫狱，受刑几死。徐贞明"入狱调护"（《明史》卷二百二十三），因而也遭贬谪，万历三年十二月"降三级"，四年二月"下所司"（《明神宗实录》卷四十五、卷四十七），后被贬为安徽太平府知事，离开京城。徐渭又称自己"蹋翅而归"，此信当作于万历五年八月回到山阴之后。

徐贞明对徐渭有救助之恩。隆庆五年（1571）徐贞明任山阴知县时，徐渭还在狱中，《送徐山阴赴召序》（《徐文长三集》卷十九）云："始渭之触罟而再从讯也，非公疑于始而得之真，则必不能信于终而为之力也，必使之活而后已。"徐渭最终能出狱，徐贞明出力不少。万历三年七月，徐贞明赴京任工科给事中，徐渭为其作诗文《送徐山阴赴召序》并诗《送徐山阴公》（《徐文长逸稿》卷四）。

徐渭在信中实话实说，自己北上，就是为了积蓄一点钱财，以作养老之资。这也是实情。因徐渭此时连生员籍都被革除了，功名富贵已彻底无望。但他对此行也感到失望，有人认为徐渭在边关将帅幕中肯定捞了不少钱，徐渭说这全是误会。徐渭可能赚钱不多，但肯定也不是空手而归。他给吴兑的信中就说，将赚到的钱交给长子徐枚做生意了，因为吴兑是了解情况的，徐渭不好说假话。徐渭对徐贞明说没有什么收获，是为了消除众人误会，或许还含有向徐贞明求助之意。

与李子遂[一]

兄丈此来，其于某如持准绳向曲木[二]，虽未加弹界[三]，然于矫枉之功[四]，固为不少。闽越相去千余里[五]，求如兄辈，复有几人？恨即乖隔[六]，不终夹持耳[七]。某比亦不健[八]，又稍治先人之茔[九]，迫于罢锸[一〇]，计亦凉冷，台宕之游[一一]，恐亦不成。何时复动帆策[一二]，相与扪眺于绿萝白月间耶[一三]？子牙兄便布此[一四]，一候动静[一五]。欲书新什求正[一六]，会荷杵者所喧[一七]，颓然阁笔[一八]。宿抹一幅[一九]，污清斋。

又烦一事。近有友人假与一园，稍近水竹，某将就栖其间。旧有白鹇笼久虚，幸兄买一只[二〇]，托子牙兄。中得一黑者更妙。

《徐文长逸稿》卷二十一，明天启三年张维城刻本

注释

[一] 李子遂：名有秋，字子遂，福建建阳人。徐渭同门，师从季本。

[二] 准绳：测定物体平、直的器具。《淮南子·说林训》：

"非规矩不能定方圆,非准绳不能正曲直。"

〔三〕弹界:以墨斗弹出直线,喻指批评。

〔四〕矫枉:矫正弯曲,比喻纠正偏邪。

〔五〕闽:福建。越:此指浙江。

〔六〕乖隔:分离。

〔七〕夹持:匡助。

〔八〕比:近来。

〔九〕治先人之茔:此指为过世父母迁墓。据徐渭《题徐大夫迁墓》(《徐文长三集》卷二十六),万历七年(1579)九月二十六日,徐渭为父母改葬。

〔一〇〕迨:等到。罢锸(chā):指迁墓完毕。锸,铁锹。

〔一一〕台(tāi)宕:天台山和雁荡山,分别位于台州和温州。

〔一二〕动帆策:帆,船帆;策,赶马的棍子。此指乘船或骑马出游。

〔一三〕扪眺:抚摸树木花草,眺望景色。

〔一四〕子牙兄便布此:顺便向季子牙转达此意。子牙,季子牙,徐渭老师季本之子。徐渭作有《送季子牙入燕》诗。

〔一五〕候:问候。

〔一六〕新什(shí):新作的一组诗歌。什,《诗经》中的《大雅》《小雅》和《周颂》,每十篇编成一组,叫作"什",后因以指组诗。

〔一七〕荷:扛着,拿着。杵(chǔ):舂米、捶衣、筑土等捣物用的棒槌或木棒。

〔一八〕阁笔：停笔，放下笔。此三句言自己正准备抄写新作的诗篇，被扛着杵的人的吵闹声干扰，没有兴致再书写。

〔一九〕宿抹：昨夜画的画。

〔二〇〕一只：据下文"中得一黑者更妙"，此"只"（繁体作"隻"）或为"双"（繁体作"雙"）之误。

点评

信中提到"治先人之茔"，据《畸谱》及《题徐大夫迁墓》（《徐文长三集》卷二十六），徐渭于万历七年（1579）九月为父母改葬。此信写在迁墓过程中。李子遂于今年二月自家乡建阳来山阴，拜访徐渭，同游禹迹寺，徐渭作有诗《仲春李子遂、季子牙、史叔考坐雨禹迹寺景贤祠中，醉余赋诗，并用街字，子遂来自建阳，一别数载》（《徐文长三集》卷六）。不久即归，徐渭作有送别诗《送李遂卿》（《徐文长三集》卷四）。

徐渭二十七八岁时从学于季本门下，与李子遂同学。写此信时徐渭五十九岁，与李子遂交往三十多年，交情颇深。徐渭感谢李子遂对自己的批评，这对徐渭来说叫不容易。或许一是因为两人交情深厚，徐渭信得过李子遂，理解他是好意；二是因为李子遂了解徐渭，所言中肯。信中描写自己的生活状况，以及展望共同出游的情景，都不仅仅是简单的叙述，而是将其描绘成生动的图景，活泼有情趣。因是多年老友，所以向其索要白鹇，毫不客气，这也反映了两人关系融洽，友谊深厚。

答张太史〔一〕当大雪晨，惠羔羊半臂及菽酒〔二〕

仆领赐至矣〔三〕。晨雪，酒与裘，对证药也〔四〕。酒无破肚赃〔四〕，罄当归瓮〔五〕。羔半臂，非褐夫所常服〔六〕，寒退拟晒以归。西兴脚子云〔七〕："风在戴老爷家过夏，我家过冬。"一笑。

《徐文长逸稿》卷二十一，明天启三年张维城刻本

注释

〔一〕张太史：张元忭（1538—1588），字子荩，号阳和，又号不二斋，浙江山阴（今浙江绍兴）人。隆庆五年（1571）状元，授翰林院修撰。万历十五年（1587）升左春坊左谕德兼翰林侍读，寻充经筵讲官。万历十六年病卒。天启初，追谥文恭。《明史》卷二百八十三有传。太史，明清翰林院官之别称。明清两朝，修史之事由翰林院负责，故称翰林为太史。

〔二〕羔羊半臂：羔羊皮制的短袖罩衣。菽酒：豆酒。

〔三〕仆领赐至矣：我领受的赏赐太贵重了。至，极。

〔三〕酒与裘，对证药也：意谓酒和羊皮裘正适合下雪天用。证，通"症"。

〔四〕酒无破肚赃：酒喝了，不能剖开肚子追索。赃，

赃物，指酒。

〔五〕罄（qìng）：用尽。

〔六〕褐夫：穿粗布衣服的人，指贫贱者，此为自谦之辞。

〔七〕西兴：镇名，在杭州萧山西北。脚子：挑夫。

点评

徐渭与张天复、张元忭父子的交情非同一般。张天复（1513—1574）比徐渭年长八岁，是徐渭在山阴县学的同学，嘉靖二十六年（1547）进士。隆庆元年（1567）十月，因其在云南按察司副使任上平定武定州苗民叛乱事，得罪黔国公沐朝弼，遭到诬陷，被弹劾而罢官。隆庆二年被有司逮问，后释归。张天复虽被罢官，但在当地仍有一定影响力。在徐渭入狱后，他想方设法救援，联络了不少人，徐渭后来叙述，"公之活我也，其务合群喙而为之鸣"（《徐文长三集》卷二十八《祭张太仆文》），可见张天复为其四处奔波游说。张元忭在家乡也积极参与其父救助徐渭的过程，隆庆五年考中状元后，又在京城展开活动。经过以张氏父子为首的一帮人的合力救援，徐渭终于在隆庆六年除夕被保释出狱。徐渭《畸谱》"纪恩"类下只有二列：嫡母苗氏、张氏父子、胡宗宪，将张氏父子视为恩人。

万历八年（1580），徐渭应张元忭之招进京，为他做些文字方面的工作，于万历十年二月返回山阴。万历八年或九年的冬天，张元忭给徐渭送来酒和皮衣，徐渭写了这封感谢信。信中说，酒喝了，酒瓮会还你；羊皮短袄不适合我这种贫贱之人穿，等天暖晒过再还你。接受是因为真需要，就不客气了。送还是因为不贪图，我并不在乎这个，你的还是你的。这是一种坦荡洒脱的态度。徐渭的尺牍，结尾处每有神来之笔，当然这是尺牍高手们都着意追求的效果，但徐渭或就已写文字顺势一转，思维极其灵动，或就眼前景、手边事即兴生发，毫不费力，自然高妙，远超他人。此信末尾从羊皮袄在自己家里过冬，在张家过夏，联想到西兴脚子的俗语，是说自己家冬天寒冷，张家夏天凉爽。这是以幽默的态度抵御生活的困窘，也暗写自己与张家境况悬殊，风趣中有冷淡疏远之意。

　　徐渭是一介落魄文人，因才华得到不少达官贵人的赏识，并经常得到他们的馈赠。他在宣化时也收过他人赠予的衣物，如许希孟送他棉衣，他就爽快地收下了（见《答许口北》）。以徐渭与张家父子的交情，照理他不应该对张元忭如此冷淡疏离。此信透露出两人的关系已经很紧张，究其根源，在于二人身份、性格、思想方面的差异越来越大，矛盾越来越深。徐渭本来出身官宦人家，有强烈的功名心，急切地想挤进上层社会，实现自身的价值，同时挽救日渐衰败的徐氏家族。无奈四处碰壁，仕途无望。出狱后，曾经热切的功名心已经彻底熄灭，人生的失意加上生活的困顿，使他的性格更加桀骜不驯，行为更加放浪纵肆，思想更加离经叛道，自称"疏纵不为儒缚"（《徐文长三集》卷二十六《自为墓志铭》）。而张元忭是个思想很正统的人，"平生以忠孝自许"（朱赓《行状》），"刚毅而有必为"（罗万化《墓表》），尤其在他中状元、入翰林院后，更是以清流自居，爱惜自己的羽毛。他自然对徐渭身上的反叛放诞看不顺眼,何况徐渭是他邀请来的,徐渭的出格言行可能会影响他的仕途。因此对徐渭"颇引礼法",这让徐渭非常不快,激愤之下甚至曾说"吾杀人当死,颈一茹刃耳,今乃碎磔吾肉"(陶望龄《徐文长传》),还私下对张元忭儿子说,"吾圄中大好,今出而散宕之,乃公误我"(张汝霖《刻徐文长佚书序》)。

徐渭此次北上,以失望而归告终。虽然与张元忭不欢而散,但两人依旧有来往。万历十年秋,徐渭作诗《拟送张翰林使楚》,十一年为张元忭母亲作《生朝诗》,代张元忭作《吕尚书行状》(《徐文长三集》卷七、卷七、卷二十七)。万历十六年,张元忭病故,徐渭前往张家,"抚棺大恸","不告姓名而去"(张汝霖《刻徐文长佚书序》),依然记得张元忭对他的恩德。

答李参戎[一]

乍捧手教[二],继拜盛仪[三]。回思往日衔杯圃榭树石之间,谈说鼓鼙[四],盼睐弓剑[五],日沉月升而犹不忍别去,乘醉拂袂[六],球骑杂扬[七],尘缕缕起道上,醺然几坠,真昨日事耳。旧景殢人[八],继今新雅[九],驰想可知矣。潇然到都[一〇],解装便思插羽[一一]。顾以三百里之遥,裹足可至[一二]。傥再勤圉人[一三],付以一策[一四],则事济矣[一五]。然岂仆所当自言耶?把管奉复,值忙且暑,挥汗成浆,兼蝇集笔端,遂不多及。

《徐文长三集》卷十六,明万历二十八年商浚刻本

注释

〔一〕李参戎:李如松(1549—1598),字子茂,号仰城,辽东铁岭卫(今辽宁铁岭)人。辽东总兵官李成梁长子。万历三年(1575),承父荫授都指挥同知。七年任分守马水口参将,九年升神机营右副将都督佥事,十一年出为山西总兵官,十五年任宣府总兵官,二十年以原官提督陕西军务总兵官,二十二年加太子太保,二十五年任辽东总兵。二十六年,

在与土蛮的战役中阵亡，追赠少保、宁远伯，谥忠烈。《明史》卷二百三十八有传。参戎，参将之雅称。此时李如松任马水口参将，故称。

〔二〕手教：手书，对来信的敬称。

〔三〕盛仪：丰厚的礼物。

〔四〕鼓鼙（pí）：大鼓和小鼓，军中用来发号进攻。借指军事。

〔五〕盻睐：即盼睐，观看。

〔六〕拂袂：把衣袖一甩。

〔七〕球骑杂扬：很多人骑在马上玩击球游戏。球，古代游戏时用，革制，中间以毛填实，足踢或杖击为戏。

〔八〕殢（tì）人：让人留恋。

〔九〕新雅：新的美意。

〔一〇〕潇然：寂寞冷清的样子。都：京城。

〔一一〕解装：卸下行装。插羽：插上翅膀，飞奔过去。

〔一二〕裹足：形容行路的急切与艰苦。《淮南子·修务训》："昔者楚欲攻宋，墨子闻而悼之，自鲁趋而十日十夜，足重茧而不休息，裂衣裳裹足，至于郢，见楚王。"

〔一三〕勤：使……劳苦。圉（yǔ）人：养马的人。

〔一四〕策：竹制的马鞭，此处代指马。

〔一五〕事济：事情办成功。

点评

此信作于万历八年(1580)夏,徐渭到京不久,收到马水口参将李如松的来信及馈赠的礼物。徐渭回复此信。

李如松是李成梁的长子,李氏父子在明朝历史上是战功赫赫的人物。李如松比徐渭小二十八岁,是徐渭晚年的忘年交。李如松骁勇善战,且喜诗文书画,徐渭曾为李如松收藏的画册作序(《徐文长三集》卷十九《李伯子画册序》);徐渭知兵,好谈用兵方略,所以二人一见如故。二人在万历四年(1576)相识于李在京城的府邸,当时李如松刚从辽东战场归来,徐渭听其讲述平虏堡之战经过,作有诗歌《赠辽东李长君都司》《写竹赠李长公歌》。此信前半段内容,就是缅怀二人当年相识时的情景,连用几个四字短语,生动勾勒出二人在一起度过的恣肆奔放、挥洒纵横的欢乐时光。后半段写自己如今刚到京,就想前往马水口相见,委婉地提出让李如松送他一匹马以作赶路工具,体现出他们之间的真诚友谊。

致李长公之一〔一〕

仆囊客都城，台遇过望〔二〕，未尝不感愧于心。今别来五载，益两辱台翰〔三〕，仆两寄答者，想彻台览矣〔四〕。明春，仆欲以季儿往侍左右〔五〕，或于尊翁处为一执戟〔六〕，未知事机可否耳。专候台示。外敬具诗扇一柄，表情而已，惟笑留是荷〔七〕。

《徐文长佚草》卷八，清初徐沁辑息耕堂抄本

注释

〔一〕李长公：李如松，为李成梁长子，故称长公。详见前《答李参戎》注〔一〕。

〔二〕台遇：敬辞，他人对自己的款待。过望：超过原来的期望。

〔三〕辱：谦辞，表示承蒙。台翰：对他人来信的敬称。

〔四〕彻台览：意谓已经看过书信。台览，敬辞，用于书信，表示请对方阅览。

〔五〕季儿：指小儿子徐枳，继妻张氏出，生于嘉靖四十一年（1562）。

〔六〕尊翁：指李如松的父亲李成梁。执戟：卫士。汉

代郎中别称，在宫殿内执戟宿卫，故称。此指谋一份差事。

〔七〕是荷：指对受到的帮助或恩惠表示感谢，多用于书信的末尾。

点评

徐渭与李如松相识于万历四年（1576），据信中云"今别来五载"，此信当作于万历九年（1581）去马水口之前。写此信的主要目的是为次子徐枳谋差事。

李成梁是明朝驻东北地区军队的统帅，位高权重。李如松作为他的长子，很年轻就成为高级将领，他的几个弟弟也不断升迁，一门父子荣华无比。但李如松对徐渭这个落魄的老人真心敬佩，应该是徐渭渊博的学识、高超的见解让他折服。不是徐渭先给他写信，而是他先两次主动写信给徐渭，足见他对徐渭的真诚情谊。徐渭应该是感受到李如松的真情，所以提出请他给自己的儿子谋个差事，这是对一般人不好开口的事情。尽管如此，从字里行间，还是能感受到徐渭迫不得已的心情。徐枳今年二十，作为父亲，徐渭不得不利用自己的一点人脉，为儿子谋取前途。

答李长公

仆比于曩昔〔一〕，倍衰老陈人耳〔二〕。而公又自处高华〔三〕，有雕鹗趁风、蛟龙得雨之势〔四〕。顾所以处仆者〔五〕，昨俯偻而今循墙〔六〕，虽魏文式庐〔七〕、信陵虚左〔八〕，殆不过是。至于略似铓锷〔九〕，不待毕展，则又居然李广上谷之超凌〔一〇〕，魏尚云中之节制〔一一〕。仆虽少知，宁不为故人一喜跃耶？冯较三百里间〔一二〕，无一刻忘左右也〔一三〕。

《徐文长逸稿》卷二十一，明天启三年张维城刻本

注释

〔一〕曩昔：往日，从前。

〔二〕陈人：老朽。

〔三〕高华：显贵的地位。

〔四〕雕鹗：雕与鹗，均为猛禽。鹗，又名鱼鹰，性凶猛，常栖水边，捕鱼为食。《汉书》卷五十一《邹阳传》："臣闻鸷鸟累百，不如一鹗。"此句以雕鹗趁风、蛟龙得雨，比喻李如松才能出众，且运势顺旺。

〔五〕顾：然而。所以处仆者：所用来对待我的方式。

〔六〕昨俯偻（lǚ）而今循墙：形容地位越高越恭谨。俯偻，屈身弯腰。循墙，沿着墙根走。《庄子·列御寇》："正考父一命而伛，再命而偻，三命而俯，循墙而走，孰敢不轨！"

〔七〕魏文式庐：魏国君主魏文侯每次经过贤人段干木的门口，都要俯身靠在车前的横木（轼）上，表示致敬。《资治通鉴·周纪》："魏文侯以卜子夏、田子方为师，每过段干木之庐必式，四方贤士多归之。"

〔八〕信陵虚左：魏国公子信陵君驾着马车，空出左边的位子，亲自迎接守城门的隐士侯嬴。《史记》卷七十七《魏公子列传》："公子从车骑，虚左，自迎夷门侯生。"

〔九〕似：显示。贾岛《剑客》："十年磨一剑，霜刃未曾试。今日把似君，谁为不平事。"铓锷（máng'è）：刀尖，锋刃，此指才干。

〔一〇〕李广上谷之超凌：汉景帝时，李广曾任上谷郡太守，日与匈奴交战。见《史记》卷一百九《李将军列传》。超凌，高超出众。

〔一一〕魏尚云中之节制：汉文帝时，魏尚为云中郡太守，治军有方，军威大震，匈奴不敢靠近云中郡要塞。见《史记》卷一百二《冯唐传》。节制，指挥管辖。

〔一二〕冯（píng）：通"凭"，倚。较（jué）：古代车厢上两旁的横木。

〔一三〕左右：此指李如松。

点评

　　从信中"冯较三百里间"一语可推断,写这封信时徐渭还在北京,李如松在马水口,当是万历九年(1581)十月李如松升神机营右副将之前。

　　信中将李如松比作战国的魏文侯和信陵君,夸赞他礼贤下士;又将他比作汉代抗击匈奴名将李广、魏尚,称赞他骁勇。李如松对自己尊敬有加,徐渭也感怀于心。李如松确实是出色的将领,徐渭对他的感激之情也是真诚的。所以此信中对李如松的夸赞和表达自己的感激与喜悦,都是发自内心,与一般书信中的客套不同。

复李令公之一[一]

十一月十三日,忽拜书褒许过当。参拂之物又复雅珍[二],万非鄙劣所堪。心诚怜,马首团[三],古语真不虚也。恭询旌旆果西[四],瞻忆倍杳[五],正所谓"远道不可思,夙昔梦见之"而已[六]。比病[七],歇食饮者四日,勉强奉答,不能觊缕[八]。便欲强作歪诗一首致区区[九],略思便觉心坎忡忡[一〇],臂腕振掉,怯把臂。即答此数行,亦强酒三合始办也[一一]。未罄欲言,伺后便。万万自爱!

《徐文长佚草》卷八,清初徐沁辑息耕堂抄本

注释

[一]李令公:李成梁(1526—1615),字汝契,号引城,辽东铁岭卫(今辽宁铁岭)人。高祖自朝鲜迁居辽东,世袭铁岭卫指挥佥事。李成梁年过四十,才得以诸生袭职,后积功为辽东险山参将。隆庆二年(1568),晋协守辽阳副总兵。隆庆四年,升辽东总兵官。万历七年(1579),以抵御女真、蒙古军队侵扰有功,封宁远伯。万历十九年被劾罢官,二十九年复职,三十三年加太傅。万历四十三年卒。李成梁

于万历六年加太保，故称令公。

〔二〕参拂：别直参，一种人参。

〔三〕心诚怜，马首团：只要心里喜爱，即便看到长长的马头，也会认为是圆的。语出宋秦观《眇倡传》，作"心相怜，马首圆"。

〔四〕旌旆：旗帜，这里指帅旗。果西：果然向西行进。

〔五〕瞻忆：瞻望并回忆。倍杳：更加遥远。

〔六〕远道不可思，夙昔梦见之：出自汉乐府《饮马长城窟行》。

〔七〕比：近来。

〔八〕覼（luó）缕：详细叙述。

〔九〕区区：卑微而真挚的心意。

〔一〇〕忡（chōng）忡：忧愁烦闷的样子。

〔一一〕合（gě）：量词，十合为一升。

点评

万历九年（1581），徐渭应李如松之邀前往马水口，在那里逗留了一阵子，临别作《赠李长公序》(《徐文长三集》卷十九）。同时又作文《赠宁远公序》(《徐文长逸稿》卷十四）并诗《辽镇李宁远》(《徐文长三集》卷七），让李如松转交给他的父亲李成梁，祝贺他封宁远伯，并表达自己的仰慕之情。于是李成梁赠予徐渭人参，并附书信。徐渭于十一月十三日收到信后，回复了此信。

李成梁此时已封宁远伯，能给徐渭回信，送上人参，堪称礼贤下士，颇为难得。此前李成梁似未见过徐渭，他对徐渭的了解，应是通过李如松的介绍。徐渭此信的大部分篇幅，都是在说自己病重，不能写信，也不能写诗回赠，当属实情。像李成梁这样重要的人物来信并赠送礼物，他不能不回信。回信如此简单，实在是因为病重。必须把病情说得详细一点，才能证明确实病重。如此病重还是坚持回信，也说明对对方的尊重。

复李令公之三

仆昨以病甚而归〔一〕，忽忽屏绝人事〔二〕，如梦寐未醒。顾复承多仪〔三〕，此何异施缗钱之纸于鬼物〔四〕，非不责报者不能也〔五〕。久卧床席，音问寂然〔六〕。适领参一斤、参人二躯〔七〕、川扇两把于陶君，并慰问勤恳。遥想德衷〔八〕，哽哽者数日，至今尚摇摇也〔九〕。陶君行，敬复数字，尚以病困不能缕悉〔一〇〕，特奄奄于楮笔间耳〔一一〕。更有一言不识进退〔一二〕，仆有胡说六七百叶，今拟刻其半，得参十五斤可矣。待尽之人〔一三〕，妄希一二语传后，此故人千百之惠也。以公不弃鬼物，故聊及之，不敢必也〔一四〕。

《徐文长佚草》卷八，清初徐沁辑息耕堂抄本

注释

〔一〕病甚：病得厉害。
〔二〕忽忽：恍惚，失意的样子。屏绝：断绝。
〔三〕仪：礼物。
〔四〕缗（mín）钱：穿成串的钱。鬼物：鬼怪，此自指。

〔五〕责报：求取报答。

〔六〕音问：音讯。

〔七〕参人：人参。

〔八〕德衷：恩德。

〔九〕摇摇：心神不定的样子。

〔一〇〕缕悉：详尽。

〔一一〕奄奄：气息微弱的样子。楮笔：纸笔。

〔一二〕不识进退：不知轻重，轻率冒昧。

〔一三〕待尽：犹待死。

〔一四〕必：一定。此句的意思是，不敢说一定要得到。

点评

此信写在前一封之后，当作于万历九年（1581）。徐渭想刻自己的集子，向李成梁要人参十五斤作为刊刻资费。

关于徐渭作品的刊刻情况，隆庆二年（1568），他在狱中为葛焜（字韬仲）作《览越篇序》（《徐文长三集》卷十九），提到自己"取旧所著散亡而仅存者，从狱中托之两君（葛焜及其侄），而韬仲且遂许以传而为之序"。不知葛氏是否真正刊刻。徐渭在狱中曾作《抄小集自序》，还有一篇《刻沛言序》（《徐文长三集》卷十九），题下注曰："予自嘉靖辛酉（四十年）以后，文若诗皆为人所绐者，今聊刻之，以发一笑。其人不求而自赠者亦尔。"（此段文字应是《抄小集自序》的跋，误刻于《刻沛言序》题目之后。）是徐渭曾经刻过《抄小集》，收录较多为人代作之文。万历初写的《上新乐王启》中说"兼呈小刻"；万历八年至十年间《与汤义仍》云"兼呈鄙刻二种"。则徐渭此前至少已刊刻了两种作品。另外，隆庆三年，绍兴府同知俞宪刻《盛明百家诗》，言自己欲救徐渭出狱，力有未逮，乃选刻其诗赋之尤者数十篇，编为《徐文学集》，列入"后编"。但这些刻本，要么收录徐渭某一时期、某种文体的作品，要么是别人的选录，均非全面收录徐氏作品的文集。

另外，徐渭《与陆韬仲》信中说送给陆"旧刻三本"，则其时徐渭至少有三种著作刊刻，只是不知此信写于何时。陶望龄《刻徐文长三集序》说："徐渭文长故有三集，行者《文长集》十六卷、《阙篇》十卷，藏者《樱桃馆集》若干卷。行者板既弗善，而渭没后，藏者又寖亡轶。予友商景哲及游渭时，心许为汇刻之。"则徐渭生前《文长集》《阙编》均已刊刻，只是质量较差，具体刊刻时间不详，或刻于万历九年至万历二十一年徐渭去世之间。

从这封万历九年写给李成梁的信中所说来看，到这个时候为止，徐渭的作品并没有得到较为完整的刊刻。对于一位文人来说，自己的作品凝聚着毕生心血，几乎就是自己的整个生命。即将走向人生的终点时，自然希望自己的作品能够得到较为完整的刊刻，以传之后世。在当时，刻较大篇幅的书花费较大，不是一件容易的事，向一般人开口也没用。李成梁位高权重，手中阔绰，又对自己比较赏识，这可能是唯一的机会，所以徐渭就提出了这个要求。徐渭说自己已是"待尽之人"，又说只"拟刻其半"，都是为了取得李成梁的理解和同情。可是，徐渭另外还给李成梁写过好几封信，都没有再提刻集之事,应该是李成梁并没有被徐渭的请求所打动。如果李成梁帮助他满足了这个最大的心愿,照理说徐渭应该会浓墨重彩地感激一通。徐渭诗文集得到相对比较完整的刊刻,是在徐渭去世七年后的万历二十八年,即其门生商浚主持刊刻、陶望龄作序的《徐文长三集》。

与梅君〔一〕

肉质蠢重,衰老承之,不数步而挥汗成浆,须臾拌却尘沙,便作未开光明泥菩萨矣〔二〕。再失迎候道驾,并只在乡里故人咫尺之间摇扇闲话而已,非能远出也。稍凉敬当趋教〔三〕,兼罄欲言〔四〕。

《徐文长三集》卷十六,明万历二十八年商浚刻本

注释

〔一〕梅君:梅国桢(1542—1605),字克生,一作客生,号衡湘,湖广麻城(今属湖北)人。万历十一年(1583)进士,除顺天府固安知县。历任河南道御史、浙江道御史。万历二十一年,升都察院右佥都御史巡抚山东。万历二十六年,任兵部右侍郎兼都察院右佥都御史,总督宣大山西军务。万历三十三年卒,次年追赠都察院右都御史。

〔二〕开光明:又名开光,佛像落成后,择日致礼而供奉。

〔三〕趋教:前往请教。

〔四〕罄:尽。

点评

这是徐渭写给梅国桢的书信,原书目录作《与梅君客生》,下注"衡湘"。梅国桢于隆庆元年(1567)乡试中举人后,屡举会试不第,客居京城十余年,与汤显祖、胡应麟、赵士祯、袁宏道等名士互相往还。徐渭或在万历五年(1577),或在八年、九年游北京期间,与其相识,并有诗歌唱酬。

写此信前,梅国桢两次造访,徐渭均不在住处。徐渭写信解释,说本当回访,只是天气炎热,且自己身形肥胖,一路风尘仆仆赶过去,大汗淋漓,再伴着沙尘,就成了泥菩萨,于彼此确有不便。自己其实也并没有外出拜访什么达官贵人,只在京城中一些同乡故人咫尺之间摇扇闲话而已。徐渭的尺牍中自嘲随处可见,这一篇给人的印象特别深,因其中刻画自己又老又胖,尘汗满头,像个没开光的泥菩萨,特别生动幽默。自嘲既是一种品格,也是一门艺术。这幅自画像惟妙惟肖,与他善于绘画的才能有关。

与季子微〔一〕

不见者忽已三岁，亲旧渐凋落〔二〕，事变百出，如布帛在染匠手，青红皂白〔三〕，反掌而更。即如渭者，昨一病几死，病中复多异境，不食者五旬而不饥不渴，又值三伏酷炎中也。欲与知己言，回头无人，奈何！

《徐文长三集》卷十六，明万历二十八年商浚刻本

注释

〔一〕季子微：徐渭老师季本的儿子。

〔二〕凋落：指死亡。

〔三〕皂：黑色。

点评

这是徐渭写给老师季本之子季子微的信，信中言"不食者五旬"，据徐渭《畸谱》载，六十一岁"诸祟兆复纷，复病易，不谷食"，此信或作于万历九年（1581）夏天，徐渭还在北京。旅居在外，又生病，更觉凄凉。末尾一句"欲与知己言，回头无人，奈何"，既写出了自己的孤独，也写出了对季子微的想念，令人动容。

季本有六子，徐渭与他们的关系都不错，集中有《送季子微北上》《送季子微赴李宁武总兵之约》《送季子牙入燕》《季子守宅观音莲》《季子宾五十》等诗。

与汤义仍[一]

某于客所读《问棘堂集》，自谓平生所未尝见，便作诗一首以道此怀[二]，藏此久矣。顷值客有道出尊乡者[三]，遂托以尘[四]。兼呈鄙刻二种，用替倾盖之谈[五]。《问棘》之外，别构必多，遇便倘能寄教耶？湘管四枝[六]，将需洒藻[七]。

《徐文长三集》卷十六，明万历二十八年商浚刻本

注释

〔一〕汤义仍：汤显祖（1550—1616），字义仍，号海若、清远道人、若士，江西临川（今江西抚州）人。万历十一年（1583）进士，历任南京太常寺博士、詹事府主簿、礼部祠祭司主事。万历十九年因上《论辅臣科臣疏》，抨击当朝首辅申时行等，被贬为广东徐闻县典史，两年后调任浙江遂昌知县，万历二十六年弃官归里。《明史》卷二百三十有传。

〔二〕作诗一首：即《读〈问棘堂集〉拟寄汤君》："兰苕翡翠逐时鸣，谁解钧天响洞庭。鼓瑟定应遭客骂，执鞭今始慰生平。即收吕览千金市，直换咸阳许座城。无限龙门蚕室泪，难偕书札报任卿。"（《徐文长三集》卷七）

〔三〕顷:不久。值:遇到。尊乡:指汤显祖故乡江西临川。

〔四〕尘:尘目,自谦之辞。

〔五〕倾盖:途中相遇,停车交谈,双方的车盖往一起倾斜。形容一见如故。《子华子》:"子华子反自郯,遭孔子于途,倾盖而顾,相语终日,甚相亲也。"

〔六〕湘管:毛笔。以湘竹制作,故名。

〔七〕洒藻:挥笔书写。

点评

徐渭读了汤显祖的诗文集《问棘堂集》,非常欣赏,赋诗一首,不久碰到道经汤显祖家乡的人,写了这封信,连同之前写的诗《读〈问棘堂集〉拟寄汤君》及自己的两种集子,带给汤显祖。《问棘堂邮草》有万历六年谢廷谅序,云此集收汤显祖万历五年(1577)以来的诗赋。又据徐朔方《汤显祖年谱》附录甲《汤显祖诗赋文集考略》,此集所收作品始于万历五年,止于万历八年。那么徐渭读到此集,应在万历八年后。又,此信寄往汤显祖家乡,当作于万历十一年汤显祖中进士之前。另外,徐渭于"客所"读《问棘堂集》,此封书信很可能是在万历八年至十年徐渭客于京师时期所写。

徐渭对《问棘堂集》的欣赏并不止于写了一首诗和一封信,《渔乐图》(《徐文长三集》卷五)一诗就是模仿《问棘邮草》中的《芳树》而作。之后徐渭还对这本集子做了批释,以《汤海若问棘邮草》(两卷本)为名刊刻出版。徐渭在首页的"总评"中论道,"真奇才也,生平不多见""其用典故多不知，却自觉其奇，古妙而又浑融，又音调畅足"，对其推崇有加。

徐渭比汤显祖大二十九岁，且二人之前未有交集，何以读了一本汤显祖的诗文集，就让徐渭有一见如故之感？原因在于两人的文学观念很接近，都反对复古派模仿他人，主张诗歌要有独创性，要表达真情实感，要有文采，要有鲜明的艺术个性。万历初年的文坛上，后七子复古派声势正盛，徐渭是孤独的清醒者。看到汤显祖的宗尚与自己相近，不啻空谷足音，于是特别兴奋，真诚地表示倾慕，根本不考虑年龄的差距之类，这是真正的文学家艺术家气质。汤显祖对徐渭的激赏也有回应，作《秣陵寄徐天池渭》诗云"百渔咏罢首重回，小景西征次第开。更乞天池半坳水，将公无死或能来"。该诗当是他在南京做官时所写。他们同声相应，同气相求，都在寻找知音。但相对徐渭的激动与真诚，中了进士、当了官的汤显祖显得较为冷静，赠诗写得比较矜持平淡，这就是他们两人的同中之不同。

答王新建瑞楼[一]

旅次朔漠[二],遂复迫冬,无一毫之益于主人[三],徒费其馆谷而已[四]。承奖,不特生非其人,抑且未有此举也。刻尊翁老先生集[五],语未了而辄许,当是此公夙心[六],生亦何所预也[七]?

兹者处于外禅[八],稍得燕游[九]。每陟高眺远[一〇],凄不胜情。南望关榆[一一],益倍知己之想。行者倚辔[一二],草草布字[一三]。应先生暨两公嗣[一四],不及专书[一五]。芙蓉、芳兰,歌舞益妙矣,安得如曩者再领于筵末耶?

《徐文长逸稿》卷二十一,明天启三年张维城刻本

注释

〔一〕王新建:王承勋,字叔元,号瑞楼,浙江余姚人。王守仁之孙,万历五年(1577)袭封新建伯。万历十五年任南京协同守备,二十年任总兵官提督漕运,三十年加太子太保。

〔二〕旅次:旅途中暂作停留。朔漠:北方沙漠地区,泛指北方。

〔三〕主人：应指张元忭。

〔四〕馆谷：做幕宾的束脩。

〔五〕尊翁老先生：指王承勋之父王正亿（1526—1577），隆庆初袭封新建伯。

〔六〕夙心：平素的心愿。

〔七〕预：参与。

〔八〕外禅：指府外。

〔九〕燕游：闲游。

〔一〇〕陟（zhì）高：登高。

〔一一〕关榆：边关旁的榆树，古代北方边关常种榆树。

〔一二〕行者：此指送信之人。倚辔（pèi）：靠在马边，意谓马上要出发。辔，驾驭牲口的缰绳，借指马。

〔一三〕布字：指写信。

〔一四〕应先生暨两公嗣：不详。暨，及。

〔一五〕不及专书：来不及专门写信。

点评

这是徐渭写给新建伯王承勋的信。万历五年（1577）正月二十二，王阳明嫡子王正亿卒。正亿嫡长子王承勋于万历五年四月二十七日奏乞承袭祖爵（郑汝璧《皇明功臣封爵考》）。由此可知，此信写于万历五年四月之后。信中"朔漠""馆谷"表明，写信时徐渭在北方做幕宾。徐渭出狱后两次北上为幕僚，一次是万历四年四月赴吴兑之招，五年八月归乡；一次是万历八年应张元忭之邀进京，十年回绍兴。时值"迫冬"，可知非万历五年，因徐渭于该年秋天已回山阴。所以此信应作于万历八年至十年间。

有人愿意出资刻王承勋父亲王正亿的集子，王承勋以为是徐渭从中帮忙的结果，写信致谢。徐渭回信，说明自己与此事无关。信的后半部分写自己思乡之情，徐渭此次北上并不顺心，内心很凄凉。他经常外出闲游，也是为了排遣苦闷。在遥远北方的冬天，徐渭越是苦闷不得意，就越想念南方的风物，想念家乡的朋友相聚之乐。信末提到的"芙蓉、芳兰"，应该是指王承勋家的歌舞姬。徐渭在张元忭府中做幕僚的生活，肯定单调无聊，他不由得回想起当时在王府中一边饮酒、一边欣赏舞姬美妙舞姿的情景。

与柳生〔一〕

在家时,以为到京,必渔猎满船焉。及到,似处涸泽,终日不见只蹄寸鳞〔二〕,言之羞人。凡有传筌蹄缉缉者〔三〕,非说谎,则好我者也,大不足信。然谓非鸡肋则不可〔四〕,故且悠悠耳〔五〕。

《徐文长三集》卷十六,明万历二十八年商浚刻本

注释

〔一〕柳生:柳澥,浙江山阴(今浙江绍兴)人。徐渭门生,徐渭山阴县学同学柳文之子。

〔二〕只蹄:动物的一只脚。寸鳞:一寸长的小鱼。比喻极小的收获。

〔三〕筌蹄:这里指收获。筌,捕鱼竹器;蹄,捕兔的器具。缉(qī)缉:串连起来,很多的意思。或谓窃窃耳语貌。《诗经·小雅·巷伯》:"缉缉翩翩,谋欲谮人。慎尔言也,谓尔不信。"

〔四〕鸡肋:比喻无多大意味但又不忍舍弃之事物。语出《三国志·魏书·武帝纪》裴松之注引西晋司马彪《九州春秋》:"时王(曹操)欲还,出令曰:鸡肋。官属不知所谓。主簿杨修便自严装,人惊问修:何以知之?修曰:夫鸡肋,

弃之如可惜，食之无所得，以比汉中，知王欲还也。"

〔五〕悠悠：聊且悠闲度日。

点评

此信与后一封《与道坚》，均为徐渭于万历八年（1580）至十年在京城所写。柳瀔是徐渭学友柳文之子，柳文与徐渭同列"越中十子"。徐渭《柳兄九迫以师礼》(《徐文长逸稿》卷三)诗中云"向惊呼小侄，今可受门生"，可见已正式收柳瀔为徒。柳瀔是徐渭晚年来往较多的门生之一。

徐渭此次北上，本来满怀希望，以为必定收获很多，结果大失所望。但家乡的人，可能都传闻徐渭在北京收获颇多，所以徐渭要予以辨明。其实徐渭在北京的生活相当拮据，甚至要靠典当过日。其间作有《狐裘》(《徐文长三集》卷七)诗，题下自注："裘被赊，雪夜苦寒，取信国文公集读之，赋此。"诗中有句云："歌闻未必如金石，肘见真应捉领襟。"

与道坚〔一〕

客中无甚佳思,今之入燕者〔二〕,辟如掘矿,满山是金银,焚香轮入〔三〕,命薄者偏当空处,某是也。以太史义高〔四〕,故不得便拂衣耳〔五〕。

《徐文长三集》卷十六,明万历二十八年商浚刻本

注释

〔一〕道坚:王图,字道坚,徐渭门生。

〔二〕燕:北京。

〔三〕焚香:指祷告。轮入:轮流进入。

〔四〕太史:指张元忭,时任翰林院修撰,故称。义高:情义高尚。

〔五〕拂衣:提起或撩起衣襟,指离去。《后汉书》卷五十四《杨震传》:"孔融鲁国男子,明日便当拂衣而去,不复朝矣。"

点评

这是徐渭在京期间写给另一门生王图的书信,意思与前一封《与柳生》相近。徐渭满怀失落,只因张元忭对自己有恩,不便马

上离去。信中说京师是有钱的,但自己没捞着,就好像挖矿,自己命薄,偏挖了个空处。比喻生动,化俗为雅,令人不禁失笑。只是如果张元忭知道徐渭这么说,会作何感想呢?

答张翰撰[一]

绢不宜小楷,燥则不入[二],稍湿则尽斗而烟[三]。高丽纸如钱厚者始佳[四],然亦止宜书,不宜画。今寄者薄黯善沁[五],又卷束尽成皱裂,即书亦不宜也。四长幅则佳品,惜两月不弄,手生,坏却此等物耳。缘老来杜撰之画[六],如登州蜃楼然[七],有时而有,有时而无也。近又稍作观音,漫寄一条,书《心经》于上[八],聊塞《黄庭》之委[九]。

《徐文长三集》卷十六,明万历二十八年商浚刻本

注释

〔一〕张翰撰:张元忭,官翰林院修撰,故称。详见前《答张太史》注〔一〕。

〔二〕燥则不入:笔醮墨不够,就不吸墨。

〔三〕稍湿则尽斗而烟:笔醮墨稍微湿润一点,写的字都互相侵蚀,容易晕染。

〔四〕高丽纸:书画用纸。原产于高丽,以绵茧造成,色白如绫,坚韧如帛,受墨效果佳,宜书宜画。中国宋明以

来仿制高丽纸,但多为桑皮纸。如钱厚:像铜钱那么厚。

〔五〕薄黯善沁:厚度薄,色泽黑,容易渗墨。

〔六〕杜撰:臆造,虚构。

〔七〕登州蜃楼:沈括《梦溪笔谈》卷二十一:"登州海中,时有云气如宫室、台观、城堞、人物、车马、冠盖,历历可见,谓之海市。或曰蛟蜃之气所为,疑不然也。"蜃楼,大气因光折射,把远处景物显示在空中或地面的奇异幻景,古人误以为是蜃(传说中的一种蛟龙)吐气所成,故名。

〔八〕《心经》:《般若波罗蜜多心经》的简称,佛教经典,唐玄奘译。

〔九〕聊塞(sè):姑且应付。《黄庭》之委:《太平御览》引南朝宋何法盛《晋中兴书》:"山阴有道士养群鹅,羲之意甚悦。道士云:'为写《黄庭经》,当举群相赠。'乃为写讫,笼鹅而去。"《黄庭》,即《黄庭经》,道教经典。

点评

张元忭请徐渭写字作画,给他寄来绢、高丽纸及四长幅(纸或帛)。徐渭认为寄来的绢不适合写小楷;高丽纸又薄又黑,还容易渗墨,也不适合写字,更不适合作画。只有四长幅是佳品,只可惜自己作画的灵感时有时无,近两月都没作画,手生,怕糟蹋了好东西。但也不能无所回报,就送了张元忭一幅自己新画的观音图,并抄写了一篇《心经》在画上。

从信中可知两点：徐渭很熟悉纸张的特性，对纸张是否适合书法或绘画很有经验；徐渭以一个杰出艺术家的亲身感受，印证了艺术创作的一个规律，即艺术创作需要灵感，没有灵感创作不出好作品。但徐渭此时为何提不起兴致，不能产生灵感，无法为张元忭创作呢？可能与在张元忭处过得不开心有关。

与两画史〔一〕

奇峰绝壁,大水悬流,怪石苍松,幽人羽客〔二〕,大抵以墨汁淋漓、烟岚满纸〔三〕、旷如无天、密如无地为上。

百丛媚萼〔四〕,一干枯枝,墨则雨润,彩则露鲜〔五〕,飞鸣栖息,动静如生,悦性弄情,工而入逸〔六〕,斯为妙品。

《徐文长三集》卷十六,明万历二十八年商浚刻本

注释

〔一〕画史:画师。

〔二〕幽人羽客:幽居之士和修道成仙者。

〔三〕墨汁淋漓、烟岚满纸:墨汁挥洒,满纸如烟雾笼罩。

〔四〕百丛媚萼:一大丛娇媚的花朵。萼,花托。

〔五〕墨则雨润,彩则露鲜:用墨要像春雨般滋润,上色要像露珠般鲜活。

〔六〕工而入逸:细致工巧而又飘逸出群。

点评

　　徐渭在此信中论述了山水画和花鸟画的画法。他主张绘画要气势磅礴，生意盎然，笔法飞动，色彩鲜明，具有强烈的视觉效果以及强劲的感染力。徐渭的这种观念与在他之前和同时代的主流画家追求含蓄淡雅的风格完全不同，这一观点同样体现在他的诗文书法中。

与章君〔一〕

昨偶有占，奉复失详〔二〕。辱饷屡矣，却领则违尊雅，领之又似范晔载市，尚食果皮饮酒，毕命犹饕也〔三〕。两笺并浼之菊〔四〕，虽不成染，但就鄙蒙作此以来，此为第一。古人作有叶之物，简则不足遮瞒人耳，故曰人皆以清疏为巧，我则以繁密为然。就中量有余，不能堆积，并用焦墨也〔五〕。此不可与俗眼评〔六〕。譬语生物，茂密者必有余者也，一理耳。画美人便往一览。欲公赘此鄙词〔七〕，尽其中丰神，无佯避，且曰少俟也〔八〕。成则幸兼轴以来之。常笺辄读薄篇一净之。

《徐文长逸稿》卷二十一，明天启三年张维城刻本

注释

〔一〕章君：名字生平不详。

〔二〕有占：被事情占住。奉复：敬辞，回复。失详：简略，不详细。

〔三〕"范晔载市"数句：范晔参与孔熙先谋反，欲立刘义康为帝，事泄，被宋文帝刘义隆所杀，三子同死于市。《宋书》

卷六十九《范晔传》载："晔转醉，子蔼亦醉，取地土及果皮以掷晔，呼晔为别驾数十声。晔问曰：汝恚我邪？蔼曰：今日何缘复恚？但父子同死，不能不悲耳。"范晔（398—445），字蔚宗，南朝宋史学家，《后汉书》作者。市，市场，这里指刑场，古代常于市场行刑。饕（tāo），贪食。

〔四〕涴（wò）：污，弄脏。此指在纸上作画，谦辞。

〔五〕焦墨：干枯的墨色，指国画中的枯笔技法。

〔六〕俗眼：世俗之人。

〔七〕赓：继续。鄙词：指徐渭前面所陈述的见解。

〔八〕俟（sì）：等待。

点评

中国早期绘画一般以工笔画为主，宋以后文人画占据了主导地位。文人画往往追求意境，不求形似，画面上的人物或景物都很简单。文人们往往贬低画得逼真的画，认为是俗画。到了南宋的马远与夏圭，甚至只画一个角，或半边，称"马一角""夏半边"。注重写意、风格简淡成了人们推崇的典范。这种主张有一定道理，但过于极端，会造成风格的单一。况且有些文人实际上是因为没有绘画天赋，无法将人物和景象画得逼真，而以此作借口。徐渭在此信中对这种现象给予了辛辣的讽刺，揭露了画坛的真相，同时表达了一种新的审美观念，即要将景物画得逼真，整个画面具有饱满的生命力。

与朱太仆[一]

腊尾春头[二]，俱坐薄恙[三]，颓然床褥间，遂失面承请教，甚歉也。委草亦坐是而稽[四]，比始办[五]，敬呈请削，知不足采也。别有顾使君转托[六]，生不敢逆料公果拒与否[七]，辄以其纸二幅，并与生之简呈请，俶奉进止，便当领传。嗜好者不量[八]，往往徒见敝寓壁间粘挂之妙[九]，以为公真不弃鄙人于翰墨间，故惹却此累，惟察而恕之。

《徐文长逸稿》卷二十一，明天启三年张维城刻本

注释

〔一〕朱太仆：朱南雍，字子肃，号越峥，浙江山阴（今浙江绍兴）人。隆庆二年（1568）进士，授泰兴知县，五年选刑科给事中，六年升礼科右给事中。万历元年（1573）升礼科都给事中，四年升顺天府丞，六年升通政司右通政，八年升太仆寺卿，九年回籍养病。

〔二〕腊尾春头：农历年末春初。

〔三〕恙：病。原作"恚"，形近之误。

〔四〕委草：委托代写的文章。坐：因。稽：延迟。

〔五〕比：最近。始：才。办：完成。

〔六〕使君：对州郡长官的尊称。

〔七〕逆料：预料，猜想。

〔八〕不量：不仔细忖量。

〔九〕粘挂之妙：此指徐渭家中张贴悬挂的朱南雍的作品非常精妙。

点评

朱南雍能诗文，工书画，师法沈周、倪瓒，是吴门画派的重要人物，与徐渭为同乡画友。顾使君见到或听闻徐渭家里挂有朱南雍的书画，于是托徐渭请朱南雍为其作书画。徐渭将他送来的两幅纸及来信转交给朱南雍，让其定夺。

徐渭身处书画圈中，难免遇到这种转托之请。转托得好，转托者和被转托者各得所需，彼此愉快，作为中间人也开心。转托不当，被转托的人会认为中间人多事，给他惹麻烦。转托者没有得到满足，也会对中间人不满。顾使君是有身份的人，朱南雍虽是徐渭的朋友，但毕竟也是官宦之人，徐渭双方都不能得罪，必须小心谨慎地处理这类事情。

答李长公

刘君来，得长公书，并银五两。前此亦叨惠矣〔一〕，何勤笃乃尔耶〔二〕？令人不可当。顾念老病渐逼，灰槁须臾耳〔三〕，无可为报。如轮回之说不诬〔四〕，定庶几了李源、圆泽一段公案〔五〕。

闻勋业日隆，大用在即〔六〕，即披甲跃马，三发小侯〔七〕，破的而饮羽〔八〕。买韩卢、五明马适至〔九〕，便牵往莲花峰顶〔一〇〕，浮大白不计斗石〔一一〕。侍儿抱琵琶，枨枨响万谷中〔一二〕，俨然突骑出塞之为者。此等豪筋侠气，定勃勃长在掌股间，正今日囊锥时事也〔一三〕。如相忆伯喈，便可呼虎贲坐饮耳〔一四〕。临书三叹。

《徐文长逸稿》卷二十一，明天启三年张维城刻

注释

〔一〕叨惠：受恩惠。

〔二〕勤笃：尽心尽力，感情深厚。

〔三〕灰槁：灰心槁形，本指意志消沉，形体枯槁，这里指老死。稿，通"槁"。《庄子·齐物论》："形固可使如槁木，

而心固可使如死灰乎？"须臾：很短时间内。

〔四〕不诬：不假。

〔五〕李源、圆泽一段公案：唐代洛阳名士李源与僧人圆泽的故事，最早记载于唐代袁郊《甘泽谣》：李源与圆泽是好友，圆泽将死时，约李源十二年后杭州天竺寺外相见。李源如期赴约，见一牧童歌曰："三生石上旧精魂，赏月吟风不要论。惭愧情人远相访，此生虽异性长存。"这个牧童就是圆泽的后身。徐渭用这个轮回转世的传说，意在表达李如松的恩情，自己今生无以为报，来世再报。

〔六〕勋业日隆，大用在即：写信时为万历十四年（1586）五月，李如松于万历十三年七月以右军都督府佥书都督佥事升为提督京城巡捕，十五年八月又以巡捕提督升为宣府总兵官（《明神宗实录》卷一百六十三、卷一百八十九）。

〔七〕小侯：小的箭靶。侯，古时用布或兽皮制成的箭靶。箭靶越小，对射技的要求更高。《诗经·齐风·猗嗟》："终日射侯，不出正兮。"

〔八〕破的（dì）：射中靶子。饮羽：射箭中得很深，连箭尾的羽毛都没入靶中，形容射箭的力量极强。饮，隐没。《吕氏春秋·精通》："养由基射兕中石，矢乃饮羽，诚乎兕也。"

〔九〕韩卢：战国时韩国的名犬，色黑，古称黑色为卢，故名韩卢。五明马：一种良马，因马的四蹄白如霜雪，肩上有一片白毛，故名。

〔一〇〕莲花峰：徐渭作有《李长公邀集莲花峰》（《徐

文长逸稿》卷四）一诗，或于万历九年（1581）应李如松之邀至马水口时期所作。

〔一一〕浮大白：原指罚饮一大杯酒，后指满饮一大杯酒。刘向《说苑·善说》："魏文侯与大夫饮酒，使公乘不仁为觞政，曰：'饮不釂者，浮以大白。'"浮，罚。白，罚酒用的酒杯。斗石：十升为一斗，十斗为一石。

〔一二〕枨（chéng）枨：象声词，弦乐声。李贺《秦王饮酒》诗："龙头泻酒邀酒星，金槽琵琶夜枨枨。"

〔一三〕囊锥：囊里盛锥。《史记》卷七十六《平原君虞卿列传》："平原君曰：'夫贤士之处世也，譬若锥之处囊中，其末立见……'毛遂曰：'臣乃今日请处囊中耳。使遂早得处囊中，乃颖脱而出，非特其末见而已。'"后用以指有才能的人正在等待机会充分表现自己。

〔一四〕"如相忆伯喈"句：徐渭自比蔡邕，意思是，如果你想我了，就找跟我相似的人喝酒吧。《后汉书》卷七十《孔融传》："（孔融）与蔡邕素善。邕卒后，有虎贲士貌类于邕，融每酒酣引与同坐，曰：'虽无老成人，且有典刑。'"伯喈，蔡邕（133—192），字伯喈，官左中郎将，世称蔡中郎，东汉文学家、书法家。董卓伏诛后，因在司徒王允座上感叹，坐罪下狱，死于狱中。虎贲（bēn），勇士。

点评

这是徐渭写给李如松的书信,作于万历十四年(1586)端午节前后,同时作有诗《十四年端午辽东李长公寄酒银五两》(《徐文长逸稿》卷三)。这年端午,李如松寄来五两酒银,徐渭回复致谢。徐渭自知能为李氏父子所做的已经不多,所以说出了来生再报答的话。因为五两酒钱,就说到这个份上,令人悲悯。

李如松时任提督京城内外巡捕,仕途一帆风顺,徐渭想象其意气风发、射箭饮酒、骑马打猎的图景。对于一位青年将领来说,这是最好的夸奖。难得的是,徐渭此时已到暮年,还能想象、向往和描绘出如此豪迈的景象,可见他胸中的豪情只是被压得更深,但从来没有泯灭。末尾以孔融拉虎贲陪饮作结,风趣而贴切。可见徐渭腹藏万卷,取之不穷,又富于联想能力,随手生春。

致李长公之九

小子枳〔一〕，以旧尝蒙公误盼〔二〕，近又屡饷老孱〔三〕，既已心热，而枳之同辈及长者，亦颇撺掇之，故不揣远趋节下〔四〕，希厕弟子将命之末〔五〕，老孱止之而不能也。虽我公宽大，或恕其愚而怜其志，姑付鞭令执之乎〔六〕？古人为兄者耻其弟糊口于四方〔七〕，况父子耶？耻可知矣。

上谷山川及一二交游，宛然在目，偶一思及，怅怅者移时。公勋名日盛，晋转当不待瓜〔八〕。老孱景逼崦嵫〔九〕，无由一握手矣，其为怅怅，尤可知也。书不尽言，临封神越〔一〇〕。

《徐文长佚草》卷八，清初徐沁辑息耕堂抄本

注释

〔一〕枳：徐渭次子，详见前《致李长公之一》注〔五〕。

〔二〕盼：眷顾。

〔三〕饷(xiǎng)：送食物给人，这里指送礼。老孱(chán)：年老且病弱的人，徐渭自称。

〔四〕不揣：犹言不自量，多用作谦辞。节下：即麾下，

对将帅的尊称。

〔五〕厕:厕身,谦辞,指参与某一差事。将命:执行命令,指部下。

〔六〕付鞭令执之:意谓给他安排一份差事。执鞭,为人持鞭驾车,指做贱役之事。

〔七〕为兄者耻其弟糊口于四方:语出《左传·隐公十一年》:"寡人有弟,不能和协,而使糊其口于四方。其况能久有许乎?"

〔八〕晋转:晋升。待瓜:即瓜代,本指瓜熟时赴戍,到来年瓜熟时派人接替,后把任期期满换人接替叫作瓜代。语出《左传·庄公八年》:"齐侯使连称、管至父戍葵丘,瓜时而往,曰:及瓜而代。期戍,公问不至。请代,弗许。故谋作乱。"

〔九〕崦嵫(yānzī):传说中太阳落山的地方,这里指暮年。

〔一〇〕临封:将信封口时。神越:神思飞跃,指想念对方。

点评

这是写给李如松的一封信。万历十六年(1588),徐渭应李如松之邀前往宣府,小儿子徐枳也跟随同去,但到了徐州,徐渭病归,徐枳一人前往。信中所言徐枳坚持要去投靠李如松,应不是这年之事,因这次是"奉公使命"(《徐文长三集》卷十九《赠李宣镇序》)。据《畸谱》,万历十七年十一月,徐枳又一次前往李如松处。李如松于万历十五年八月任宣府总兵官,十七年九月调任山西总兵官(《明神宗实录》卷一百八十九、卷二百一十五),此次徐枳应是前往山西,此信或作于万历十七年十一月之前。

此次写信是为了替儿子徐枳谋差事。像徐渭这样一个文人,年近桑榆以后,除了维持基本生活外,最重要的事情就是两件,一是自己的文集是否有机会刊刻,二是子女的生计前程。按徐渭的个性,他是不愿意求人的,但这两件事还是不得不求人。万历九年,徐渭就曾为徐枳求职的事情,拜托过李如松,似乎没有结果。再次提出,未免有点勉为其难,但也不能不开口。而且平生交游,算来算去,也只有李成梁、李如松父子两人可以试着提一提,人生之孤立无助,往往如此。"怅怅",是因失意而不痛快的意思,此信中两次用到此词,以徐渭的才思泉涌,一般情况下他是不会允许一封短札中重复用词的。只能说,他此时是被"怅怅"的情绪笼罩了。

答兄子官人〔一〕

父弟田水月拜覆兄子给谏大人〔二〕。信来具见远念，并惠种种〔三〕，正逼岁除，真雪里炭也〔四〕。疏稿虽未尽读，然辟之流水，才观丈澜，便知其源与委〔五〕，不万里不止也。

相委云云，恐刻者自擅此技，或嫌于倩人〔六〕，又老朽向来只做倒包〔七〕，观"田水月"三个字可知已。倘许倒包，幸另定一官人，或擅技名氏，如此则不苦辞也。

《徐文长三集》卷十六，明万历二十八年商濬刻本

注释

〔一〕兄子：徐渭兄长淮和潞，均无子。此指族兄之子徐桓，万历四年（1576）举人，八年进士，授江苏丹徒知县，擢南京刑科给事中，万历二十一年任四川按察司副使兼布政司参议。

〔二〕田水月：徐渭自称，即"渭"字分成三字。给谏：明清六科给事中之别称，徐桓时任南京刑科给事中，故称。

〔三〕种种：指多种礼物。原本缺二字，据《海山仙馆丛书》本《青藤书屋文集》补。

〔四〕雪里炭：急需之物。

〔五〕源：源头。委：末尾。

〔六〕倩：请。

〔七〕倒包：指代人作文或书画。

点评

这是徐渭回复族兄之子徐桓的书信。徐桓于万历八年（1580）任丹徒知县，"历再考"（《徐文长逸稿》卷十五《二兄配冯太孺人生日序》），即在丹徒做了六年知县，再升任南京刑科给事中，则此信写于万历十四年（1586）之后。

徐渭家人之间关系比较复杂，相处并不融洽。至于远房亲族之间，关系可能就更疏远。这位远房侄子徐桓，好像与徐渭交往不多。徐渭此信开头即称"父弟田水月拜覆兄子给谏大人"，就把双方的关系拉开了。又称自己没有细看徐桓寄来的疏稿，表明徐渭对之根本没有兴趣。所谓看了一点点就能判断它整体水平极高，是对不愿意真看的一种客套掩饰。

徐桓此次主动与徐渭联系，是受人之托，请徐渭为刻某书书写序之类（古人常以手写书体刻版，以示风雅），徐渭也毫不客气地拒绝了，而且语带讥讽。说可能是那位刻书的人自己擅长书法，想自己写，或不想请别人写，故意说要请徐渭写，其实并无此意。如果对方真要徐渭写，徐渭说我自己是不写的，因自己地位卑微，收不到多少润笔。我只做"倒包"的生意，即只为有官位或以书法著名的人代笔，他们身价高，这样我就能得到更多的报酬。由此可见，晚年的徐渭，对这类应酬性写作，已不在乎名誉之类。他考虑得很现实，生活需要钱。从徐渭的角度来说，他是讲真话，不扭捏。但从社会的角度来说，让一位天才的艺术家沦落到这种地步，毫无疑问是一种悲剧。然古往今来的现实每每如此。

与某公

念别者久,追惟雅情〔一〕,益增忡忡〔二〕。季子微兄每一寄书〔三〕,必及麾下高谊〔四〕,仆始知公今为游戎〔五〕,千里之才殆应少展矣。而子微者,抱才久困〔六〕,又复拙于时样〔七〕,计今所处,当亦寒落不偶〔八〕。而其郎君名大观者〔九〕,诚袖夺魁之手,并亦悠悠〔一〇〕,仆独奇之。闻公亦稍剪拂〔一一〕,傥帷幕馆谷间有可接引〔一二〕,愿始终之也。

仆旧日闻公说辽阳事,从酒觞禅寺边,拔刀弄马,呼啸划然,六月盛炎,令人肌栗〔一三〕。只今临书,乃复想见其然,不由人不起舞堕帻也〔一四〕。外小抹一幅,寄将遮壁坐寒耳〔一五〕,无他物可致情也。

《徐文长逸稿》卷二十一,明天启三年张维城刻本

注释

〔一〕追惟:追忆,回想。雅情:高雅的情谊。

〔二〕忡(chōng)忡:忧愁烦闷的样子。

〔三〕季子微:徐渭老师季本的儿子。

〔四〕麾下：对将帅的敬称。高谊：崇高的情谊。

〔五〕游戎：游击将军的雅称，军队中较高级的武官。

〔六〕抱才：怀才。困：困顿，不得志。

〔七〕时样：时文，科举应试之八股文。

〔八〕蹇落：穷困，不得志。不偶：不遇，命运不好。

〔九〕郎君：儿子。

〔一〇〕诚：确是。袖：作动词，衣袖里揣着。夺魁之手：能写出考中头名的文章之手。悠悠：闲散，此指考不中。

〔一一〕剪拂：修整擦拭，比喻推崇、赞誉。

〔一二〕傥：假如。帷幕馆谷间有可接引：指介绍做幕宾。

〔一三〕栗：因寒冷而发抖。

〔一四〕帻（zé）：头巾。

〔一五〕遮壁：盖住墙壁。坐寒：坐中生寒，指供对方闲坐时欣赏，从画面中感受到凉意。

点评

这是徐渭写给某游击将军的书信，主要是托他关照老师季本的儿子季子微之子季大观。从信中所叙来看，徐渭与这位游击将军交往有限。徐渭一向不愿意求人，连本人和自己孩子的事情都难以开口，现在却为了老师的孙子，向一位并无深交的人说情，足见他对季本的感念。信的后半部分说，游击将军当初向他描述辽阳战争的场景，让他印象深刻，如今一想起来，都不由得想起舞。

这是对一位将军写信不得不说的套话，目的是为了让这封说情的信不显得那么简单露骨。此信没有保留这位游击将军的姓名，估计此事没有结果。

答叔学张君〔一〕

久疏教言，殊切耿耿〔二〕。昨辱枉过〔三〕，又无缘得相把袂〔四〕，君以为憾，仆同之也。先后嗣惠甘鲜〔五〕，感谢感谢！

稍晴当图会于子先店中〔六〕，却须先期一订。行将挂百钱于杖头〔七〕，与君冒高桶、袭短后〔八〕，浑高阳之徒〔九〕，取醉于市楼〔一〇〕，谈旅客之旧迹〔一一〕，振衣上之京尘〔一二〕，月黑漏沉，长歌而后别也。如何如何？新春伏惟尊履佳胜〔一三〕，不宣〔一四〕。

《徐文长逸稿》卷二十一，明天启三年张维城刻本

注释

〔一〕叔学张君：张太华，字叔学，王畿内弟。

〔二〕耿耿：心中挂念，难以释怀。

〔三〕枉过：称人来访的敬辞，意思是屈尊来看望自己。过，探望，访问。

〔四〕把袂：拉住衣袖，指见面。

〔五〕甘鲜：甘甜鲜美的食物。

〔六〕子先:张子先,徐渭友人。徐渭作有《醉中赠张子先》诗(《徐文长三集》卷五)。

〔七〕挂百钱于杖头:《世说新语·任诞》:"阮宣子常步行,以百钱挂杖头,至酒店便独酣畅,虽当世贵盛不肯诣也。"后因阮修此举,称买酒钱为"杖头钱"。

〔八〕冒高桶:戴高桶帽。冒,同"帽",作动词,指戴帽。袭短后:穿短后衣。短后,后幅较短的上衣,便于活动,多为武士之衣。《庄子·说剑》:"然吾王所见剑士,皆蓬头、突鬓、垂冠,曼胡之缨,短后之衣,瞋目而语难,王乃悦之。"

〔九〕浑:浑充。高阳之徒:指喜欢喝酒、狂放不羁的人。出自《史记》卷九十七《郦生陆贾列传》:"沛公引兵过陈留,郦生踵军门上谒曰……使者入通,沛公方洗,问使者曰:何如人也?使者对曰:状貌类大儒,衣儒衣,冠侧注。沛公曰:为我谢之,言我方以天下为事,未暇见儒人也。使者出谢曰:沛公敬谢先生,方以天下为事,未暇见儒人也。郦生瞋目案剑叱使者曰:走!复入言沛公,吾高阳酒徒也,非儒人也。沛公遽雪足杖矛曰:延客入。"高阳,古地名,在今河南杞县西南。

〔一〇〕市楼:酒楼。

〔一一〕旅客:旅行者。这里指在名山大川、旷野都会中行走的人。

〔一二〕京尘:即京洛尘。晋陆机《为顾彦先赠妇》:"辞家远行游,悠悠三千里。京洛多风尘,素衣化为缁。"后因以

"京洛尘"喻功名利禄等尘俗之事。

〔一三〕尊履:敬辞,指对方的生活经历和状况,多用于书信。

〔一四〕不宣:谓不一一细说,常用于书信末尾。

点评

徐渭与王畿是从表兄弟,跟王畿的亲戚多有来往,而张叔学是王畿内弟。王畿夫人(张叔学之姊)去世,张叔学作行状,徐渭有诗《读张君叔学所作姊氏状,即王先生配也,用前韵寄之》(《徐文长逸稿》卷四),题下注曰"叔学宅白鱼潭,每举辄落"。张叔学六十寿辰时,徐渭作有《寿张叔学》(《徐文长三集》卷七)。

张叔学每次考试都落榜,运气、境遇与徐渭差不多,两人应该有共同语言。他来看望徐渭,可惜没见到。徐渭写此信,约下次会面,想象老朋友相见,在老熟人的酒店里,开怀畅饮,纵谈所见所闻,直到深夜才高歌一曲相别的情景。徐渭一生潦倒,也许只有跟朋友买醉酒楼,作一回狂士,才能暂时忘却愁烦。

谢友人惠杖[一]

承惠邛竹杖[二],足仞左右我矣[三]。仆尚蹇健[四],未须,谨奉置琴书之右,时见故人。倘他年龙钟[五],藉此如目前,不审载德当何如也[六]。率勒以谢[七]。

《徐文长佚草》卷八,清初徐沁辑息耕堂抄本

注释

〔一〕惠:赠送。

〔二〕邛(qióng)竹杖:邛竹制成的手杖。邛竹,四川邛崃所产罗汉竹,又名石竹,节高实中,宜作竹杖。《史记》卷一百二十三《大宛列传》:"(张)骞曰:臣在大夏时,见邛竹杖、蜀布。"

〔三〕仞:通"认",辨识,知道。左右:帮助。《诗经·商颂·长发》:"实维阿衡,实左右商王。"

〔四〕蹇健:行走不稳,但没有大毛病,此处是调侃的说法。蹇,本义是跛脚。

〔五〕龙钟:年老体衰、行动不便的样子。

〔六〕载德:记载恩德。徐渭由竹杖联想到南山之竹,再联想到南山之竹书罪或载德。《旧唐书》卷五十三《李密传》:"罄

南山之竹，书罪未穷。"皮日休《与陈征君书》："罄南山之竹，不足以书足下之功。"《续资治通鉴长编》卷一百六十九："虽尽南山之竹，不足载德美之盛。"

〔七〕勒：雕刻，此指写信。

点评

友人给徐渭送了一根竹杖，徐渭暂时用不上。如果直接回应说自己不需要，就会显得很生硬。徐渭就说自己会把竹杖放在身边，看到竹杖如同看到友人，又说他年自己老迈了，就会用得着了。这种温情的回应让送竹杖的人也会感到欣慰。然后徐渭又由竹杖想到竹子，再想到写字的竹简，进而联想到南山之竹记载恩德，思维跳跃，笔法灵活之极。

与陆韬仲〔一〕

一面颜范〔二〕，旧感满膈，愧无下榻〔三〕，以倾积怀。旧有答饷诗〔四〕，久失寄，缘衰耄〔五〕，过事可辨者，往往失忘〔六〕。兹书上，以发一笑。大苏以拾石供参寥〔七〕，并是撮土为香意也〔八〕。旧刻三本，送将遮眼糊窗亦得，总是香土公案〔九〕。

《徐文长逸稿》卷二十一，明天启三年张维城刻本

注释

〔一〕陆韬仲：徐渭门生。

〔二〕面：见面。颜范：容颜和风范。

〔三〕愧无下榻：指因没有留陆韬仲住宿而惭愧。下榻，见前《致骆五文学》注〔四〕。

〔四〕答饷诗：答谢馈赠的诗。

〔五〕衰耄（mào）：衰老。

〔六〕失忘：忘记。

〔七〕大苏以拾石供参寥：苏轼被贬为黄州团练副使时，在当地江中获得二百九十八枚精美的小石头，送给了佛印禅师。参寥知道了，表示也有兴趣，苏轼又收集了二百五十枚

送给参寥。苏轼作有《前怪石供》《后怪石供》。大苏，苏轼（1037—1101），字子瞻，号东坡居士，四川眉山人，北宋文学家、书法家、画家。参寥，北宋诗僧道潜，俗姓何，字参寥，本名昙潜，苏轼为其更名道潜，杭州於潜（今浙江临安）人，与苏轼、秦观为诗友，有《参寥子集》。

〔八〕并是：都是。撮土为香：用手把土聚拢成堆，代替香炉，烧香致敬。

〔九〕香土公案：与前句"撮土为香"同义。公案，佛教禅宗用语，指前辈祖师的言行范例。

点评

徐渭与陆韬仲见面后，想起曾作有答谢诗，忘了寄给他。于是将诗与自己的三本书寄给他，并写了这封信。徐渭将自己赠诗和书，与苏轼赠石头给佛印、参寥作比，表示只是自己的一点心意，既贴切又雅致。徐渭熟悉典籍，记忆力惊人，又想象力丰富，思维敏捷，他总是能找到特别恰当的典故和词句，来表达自己的意思。

与钟天毓之四〔一〕

正苦焦渴,蒙惠石埭〔二〕,甚感慰。《春兴》都漫作〔三〕,奉览徒取哂耳〔四〕。俟当中善抄者来抄寄耳。腕病,不胜书也。佛之精彻不必博,一字亦剩物〔五〕,如欲博,虽再诠一部《大藏》〔六〕,亦未肯了。《维摩》一本最妙物〔七〕,公且玩之,替念珠后自当脱屣〔八〕,不着一个字矣。仆于此件只是口头禅〔九〕,当不得数也,亦取公一哂。渭顿首〔一○〕。

写答了,忽寻封套,得《春兴》旧抄奉上,是诗神不替我掩丑也。

《徐文长佚草》卷八,清初徐沁辑息耕堂抄本

注释

〔一〕钟天毓:钟廷英,字天毓,号华石,浙江上虞人。

〔二〕石埭(dài):县名,隶属安徽池州府。此指石埭茶,徐渭有诗《谢钟君惠石埭茶》(《徐文长逸稿》卷三)。

〔三〕《春兴》:徐渭作于万历二十年(1592)的一组诗,共八首。

〔四〕哂（shěn）：讥笑。

〔五〕剩物：多余的东西。

〔六〕《大藏》：即《大藏经》，佛教典籍丛书，内容分经、律、论三藏。

〔七〕《维摩》：即《维摩诘经》，大乘佛教的早期经典。

〔八〕念珠：佛教徒诵经时用来计算次数的成串珠子，此指念佛。脱屣（xǐ）：比喻看得很轻，无所顾恋，犹如脱掉鞋子，此谓摆脱所有繁琐的佛教经文与仪式，直接领悟佛教的精义。

〔九〕口头禅：指不明禅理，只是袭取佛家常说的禅语。

〔一〇〕顿首：用于书信、表奏的首尾，表示恭敬。

点评

这是徐渭七十二岁时写给钟廷英的信，作于万历二十年（1592），徐渭去世前一年。信中谈到对佛学的理解，读佛经不必博，而要精；注重领悟，而不是被文字所束缚。同时又坦率承认自己这么说只是口头禅，当不得真。本来开头说这次就不抄《春兴》诗给钟天毓了，等下次再抄。可写完信了，找封套时，恰好找到原来抄的《春兴》诗，只好寄上。在信末添进这件琐事，显得随意活泼摇曳多姿，别具一格。